Gerhard Ochsenfeld

AF210693

Schlag-Schatten

Ein kurzer Versuch über
Klang und Nachhall elterlicher Fürsorge

Herstellung und Verlag:
Books on Demand GmbH, Norderstedt.

Rechtlicher Hinweis:
Für den Inhalt verantwortlich ist ausschließlich der Autor.

Umschlaggestaltung und Layout: – der Autor –
Foto, Bildbearbeitung u. Text (Umschlag): – der Autor –

ISBN-13: 978-3-8370-2203-2

Jede Ähnlichkeit mit lebenden Personen ist nicht zufällig.
Jede folgend dargestellte Charakterfiktion ist
in unterschiedlich starker Abweichung bewusst
nur an die Realität angelehnt.

Personenübersicht

Die folgende Auflistung stellt die Verhältnisse der erwähnten
Personen zum Ich-Erzähler und zu der Kernfigur, Sabrina, dar.
Die Auflistung soll etwaig zum Verständnis der Verflechtun-
gen beitragen.

- Ich-Erzähler
    - Jean-Pierre, der ehemalige Nachbarsjunge
    - Walter, ein Arbeitskollege von Sabrina
        - Der 26-Jährige, ein Bekannter von Walter
- Sabrina, die Frau des Ich-Erzählers
    - Sabrinas Vater
    - Sabrinas Mutter
    - Arno, Sabrinas jüngster Bruder
    - Heike, Sabrinas Lebensgefährtin zum Ende ihrer
      Studentenzeit
        - Heikes Vater
    - Helga, eine Arbeitskollegin
        - Helene, Helgas Tochter
    - Juliane, eine Krankenschwester
    - Bernd, ein ehemaliger Kommilitone
    - Rudolf, ein kleiner Junge aus Kindertagen

Inhaltsübersicht

Richtige Richtung

Neues Kinderschutzgesetz auf den Weg gebracht

Am 21. Januar 2009 stellte die Bundesfamilienministerin von der Leyen in Berlin dem Kabinett einen Entwurf zu einem Kinderschutzgesetz vor, den das Parlament billigte. Man geht davon aus, dass das Gesetz um die Mitte des Jahres 2009 zur Entscheidung vorgelegt und verabschiedet werden könne.

Der Entwurf sieht vor, dass Ärzte von ihrer Schweigepflicht entbunden sind, wenn Verdacht auf Kindesmisshandlung besteht. Damit ist ein großer Schritt in die richtige Richtung getan, denn durch eine solche Regelung erkennt man an, dass der Schutz der Privatsphäre in Zweifelsfällen nicht die höchste Priorität besitzen darf, wenn das Kindeswohl gefährdet erscheint. Frau von der Leyen im Interview mit der ARD (,,Tagesschau'' vom 21.01.09, 16:00 Uhr): ,,Der Kinderschutz ist wichtiger als die *[ärztliche]* Schweigepflicht, wenn es hart auf hart kommt. Das heißt, Ärzte müssen immer das Gespräch mit den Eltern suchen. Aber wenn das nichts fruchtet, dann müssen sie das Jugendamt informieren, ohne den schlagenden Vater zu fragen.''

In der ,,Welt'' heißt es u. a. am 21.01.09: ,,Datenschützer hatten im Vorfeld kritisiert, mit der Lockerung der Schweigepflicht werde das Vertrauensverhältnis zwischen den Eltern und den Ärzten gestört. Gegenüber der WELT weist von der Leyen die Kritik zurück. »Wir haben in der Vergangenheit gesehen, dass sich Ärzte aus Angst, die Schweigepflicht zu brechen, bei einem Verdacht auf Kindesmisshandlung nicht gemeldet haben.« Hier schaffe das Gesetz Klarheit und die Sicherheit: Kinderschutz steht über der Schweigepflicht.''

Darüber hinaus soll eine engere Zusammenarbeit der Jugendämter untereinander erreicht werden, insbesondere damit Eltern nicht durch einen Wohnungswechsel dem Zugriff eines Jugendamtes entgehen können.

Ein dritter, wichtiger Punkt ist die erweiterte Erfassung von Delikten im Bundeszentralregister: Sexualdelikte sollen auch dann aufgenommen werden, wenn nur kleine Strafen verhängt wurden.

Wenn 1985 bemerkt wurde: „Pädagogisch sachgerechtes Elternverhalten lässt sich nicht mit den Mitteln des Strafrechts erzwingen"*, dann ist das nur teilweise richtig:
Erstens, wo Uneinsichtigkeit herrscht, da kann nur eine drohende Sanktionierung den Handelnden in die Schranken weisen. Zweitens, wo etwas durch gesetzliche Unnachgiebigkeit zum Skandal erhoben wird, das andernfalls gesellschaftliche Gepflogenheit wäre (oder zumindest im gesellschaftlichen Stillschweigen untderginge!), da wächst auch die öffentliche Aufmerksamkeit und Sensibilität.
„Aufgebauscht", „herbeigeredet", „Einbildung", „total übertrieben"… „Man kann sich auch anstellen…" „Ist ja schließlich kein kleines Kind mehr!" „Ach, da kann ich mich aber gar nicht dran erinnern!" „Das hat uns früher auch nicht geschadet!" „Moderner Quatsch!"
Solche oder ähnliche Bemerkungen führen nur wiederum die einstige Gewalt mit anderen Mitteln fort.
Solche oder ähnliche Äußerungen führen nur dazu, dass die einstigen Verletzungen noch in der Gegenwart stets erneut aufgerissen, die Betreffenden stets erneut faktisch isoliert und weiterhin in ihrer Wahrnehmung verwirrt, als überempfindlich und als unsachlich hingestellt werden.
Solche und ähnliche Verunglimpfungen sollen letztendlich nur dazu beitragen, durch Verunsicherung der Betroffenen eine Anschuldigung gegen die Täter als unsachgemäß darzustellen und somit eine Anklage im juristischen wie auch nur im gesellschaftlichen Sinne zu verhindern.
Solche und ähnliche Aussagen sollen jene Nachkommen, die elterliches Verhalten kritisieren und in Frage stellen, dem Vorwurf des groben Undanks aussetzen, sie mithin als psychisch krank und folglich in ihrer Urteilsfähigkeit beschränkt hinstellen.
Mit diesem Buch soll aus der Sicht der Opfer von Gewalt und Missbrauch über diese Gewalt und ihre Folgen aufgeklärt

und für das Thema der Gewalt in der Erziehung sensibilisiert werden.

Die in diesem Buch beschriebenen Missbräuche des Erziehungsrechts bleiben zunächst auch künftig grundsätzlich von einem solchen Gesetz unberührt. Dennoch wird das neue Gesetz nicht nur dazu beitragen, die ärgsten Fälle der Misshandlung von Kindern und Jugendlichen zu verhindern, sondern es wird auch zu einem Bewusstseinswandel in der Bevölkerung beitragen.

Ich möchte an dieser Stelle ausdrücklich hervorheben, dass es mir fern liegt, nur zu dem Zwecke, die Authentizität der Darstellungen zu belegen, Personenschicksale mit biografischer Realitätstreue einzubringen. Sondern dem Identitätsschutz sei es geschuldet, die Personen in verzerrter Beschreibung und Charakterisierung darzustellen. Entsprechend sind auch alle Namensgebungen fiktiv gewählt. Dennoch sind Einzelereignisse und Einzelaspekte häufig unverwässert wiedergegeben und daher für die betreffenden Personen ohne Zweifel wiedererkennbar.

Die Ereignisse reichen im Wesentlichen von den 1970er Jahren bis in die Gegenwart.

---

* „Dreher/Tröndle: Beck'sche Kurzkommentare, Strafrecht", 42. Auflage, 1985; § 223 Randnr. 11

Eine Bestandsaufnahme

Die gesetzliche Entwicklung zu Gewalt in der Erziehung

Es herrscht nicht nur auch heute noch Gewalt gegen Kinder – und wir erfahren davon wenig, nämlich zum Beispiel wenn ein Extremfall (häufig sogar erst ein solcher mit Todesfolge) in die Medien gelangt. Sondern von der stillen Gewalt hinter den vier Wänden der Familienidylle erfährt man kaum und hält sie wohl zu häufig auch für undenkbar – und deshalb für nicht existent!

Ich spreche in diesem Buch sowohl von der Gewalt, die heute herrscht, als auch von jener Gewalt, die in jüngster Vergangenheit geherrscht hat – denn die Nachwirkungen solcher Gewalt sind nicht zu verleugnen. Dabei meine ich in erster Linie Traumatisierungen, unter denen die Betroffenen mehr oder minder stark zu leiden haben. Lebenslänglich.

Dabei meine ich weiterhin die Wirkungen in die heutigen Kind-Generationen hinein: Statistisch betrachtet baut sich die Gewaltbereitschaft in der Erziehung nur allmählich ab, wie das auch für jede andere Veränderung von Gepflogenheiten und gesellschaftlichen Übungen gilt.

Es bedarf sowohl einer Bewusstseinsänderung in der Gesellschaft, als auch der Ausweitung sozialer Kontrolle: Eine Gesellschaft muss den absolutistischen Anspruch auf die Unantastbarkeit der familiären Privatsphäre überwinden. Der erweiterte Kinderschutz, der voraussichtlich im Sommer dieses Jahres als Gesetzesgrundlage auf den Weg gebracht wird, ist also wieder ein Schritt in die richtige Richtung.

Gleichzeitig wirken aber dennoch innerhalb der Gesellschaft die Abwehrkämpfe jener weiter negativ nach, die heute Großeltern oder Urgroßeltern sind, dereinst aber selbst mit Gewalt erzogen wurden und wiederum mit Gewalt erzogen haben – und die nicht nur die Folgen ihrer Erziehungsmethoden verleugnen, sondern damit auch ihren eigenen Nachkommen das Bekenntnis zu gewaltfreier Erziehung erschweren!

Gesetz und Rechtsprechung sind nicht nur ein Werkzeug für Sozialisation und Individualschutz, sondern auch ein aussagekräftiges Ausdrucksmittel für Rechtsverständnis und Selbstverständnis einer Gesellschaft. Ich möchte daher vorab auf die Entwicklung von Gesetz und auch Rechtsprechung eingehen, bevor ich Lebensschicksale vorstelle, in denen der Missbrauch der elterlichen Macht und Gewalt in der einen oder anderen Weise eine tragende Rolle gespielt hat.

In früheren Wortlauten des Bürgerlichen Gesetzbuches zur Kindeserziehung war noch die Rede von „Zuchtmitteln"[1]. Aber Mitte der 1970er Jahre liest sich § 1631 BGB neutral:
(Absatz 1) Die Sorge für die Person des Kindes umfaßt das Recht und die Pflicht, das Kind zu erziehen, zu beaufsichtigen und seinen Aufenthalt zu bestimmen.
(Absatz 2) Das Vormundschaftsgericht hat die Eltern auf Antrag bei der Erziehung des Kindes durch geeignete Maßregeln zu unterstützen.
Wenngleich eine Duldung von körperlicher Gewaltanwendung zu dieser Zeit weiterhin vorherrschte und man sich letztlich vor Augen führen muss, dass nur die Ausnahmefälle, die tatsächlich gerichtsanhängig werden, auch zu einer juristischen Entscheidung gelangen, so ist aber doch eine Abwendung von einem Erziehungsstil bereits klar erreicht, der den Begriff der „Züchtigung" wohl verdient.
Zur Auslegung des Gesetzes heißt es 1977: „Die Eltern können zur Erziehung selbständig die geeigneten Maßnahmen ergreifen [...]. Elterliche Erziehungsmittel [...] sind Ermahnungen, Verweise, Ausgehverbote, Knapphalten, Taschengeldentzug. [...] auch Einschließung, unmittelbare Gewalt (z. B. Wegnehmen von Streichhölzern) und körperliche Züchtigung, jedoch nur im Rahmen des durch den Erziehungszweck gebotenen Maßes, also unter Rücksichten auf Gesundheit und seelische Verfassung des Kindes; sonst Mißbrauch im Sinne von § 1666 und strafbar [...]."[1]
Bemerkenswert ist, dass zwischen Gewalt (als reine Erzwingungsmaßnahme) und Züchtigung (als körperliche Sanktion)

sehr deutlich unterschieden wird!

Der Querverweis auf § 1666 BGB ist interessant aus der Kommentierung heraus: „Pflichtverletzung liegt vor bei [...] Sorgerechtsmißbrauch, d. h. Ausnutzen der elterlichen Gewalt zum Schaden des Kindes: übermäßige Züchtigung, z. B. Schläge gegen einjährige Tochter [...], auch deren Duldung durch anderen Elternteil oder Dritten; [...] hysterische Tobsuchtsanfälle [...]." [2]

Klar hervorgehoben wird die eindeutige Mitschuld des ggf. nur duldenden Elternteils, wenn es um die Misshandlung von Kindern geht.

Zu den ‚hysterischen Tobsuchtsanfällen‘ heißt es 1955 (!) wörtlich: „[...] auch für ihre Anfälle und die sich daraus ergebende Gefährdung der Kinder ist die Kindesmutter verantwortlich. Sowohl aus der Äußerung des Krankenhauses O. wie auch aus dem Gutachten des Dr. W. ergibt sich, dass die Anfälle nicht auf einer Krankheit beruhen, sondern auf einer Charakterschwäche der Kindesmutter, die sie bei entsprechender Willensanspannung überwinden kann. Das Krankenhaus O. schreibt, die Kindesmutter werde der Erziehung der Kinder nicht gerecht werden, solange sie ihre ‚auffällige Versagensbereitschaft‘ ... ‚beibehalte‘." [3] Das Sorgerecht wurde erfolgreich entzogen.

Klarer sind die zulässigen oder geduldeten Erziehungsmittel im **Strafrecht** erkennbar. Selbst Mitte der 1980er Jahre noch werden hier zum Teil äußerst bedenklich unscharfe Grenzen zugunsten elterlicher Gewalt skizziert.

So heißt es zwar: „Jede Züchtigung ist Körperverletzung [...]." [4] Aber auch weiter: „Dient sie erzieherischer Einwirkung, hält sie die Rechtsprechung grundsätzlich für gerechtfertigt [...], freilich nur, soweit das Züchtigungsrecht maßvoll und angemessen [...] ausgeübt wird." [4]

So wird noch Mitte der 1980er Jahre ein **Züchtigungsrecht** der „Eltern, Adoptiveltern, Vormünder und personensorgeberechtigten Pfleger sowie der nichtehelichen Mutter" ausdrücklich hervorgehoben [5]. Die Grenzen des Züchtigungsrechts bleiben letztendlich aber gerne doch verschwommen, wenn es

u. a. heißt: „Soweit ein Züchtigungsrecht besteht [...], darf dessen Ausübung nicht zu Gesundheitsschäden führen [...]; im übrigen findet es am Sittengesetz und am Erziehungszweck seine Grenze [...]. Sie ist überschritten bei ungewöhnlich starken Ohrfeigen gegenüber einem 14jährigen Mädchen [...] und [...] wohl auch, wenn Eltern ihrer widerspenstigen 16jährigen Tochter das Kopfhaar unregelmäßig abschneiden und sie an Bett und Stuhl festbinden [...], ebenso bei Rohrstockschlägen auf das nackte Gesäß gegenüber Fürsorgezöglingen"[6].

Zwar sei eine Züchtigung der Kinder oder Jugendlichen niemals gerechtfertigt, wenn der Erziehungszweck nur als Vorwand diene. Und das darf man wohl zumindest dann unterstellen, wenn der Erziehungsberechtigte seine angemessene und auch erwartbare Selbstkontrolle verliert und lediglich einen inneren Erregungszustand abreagiert (siehe vorhergehend: hysterische Tobsuchtsanfälle). Aber auch hier werden die Grenzen in einem gewissen Rahmen verwischt, wenn es heißt, dem unterstellten Erziehungswillen stehe es „nicht entgegen, wenn bei der Züchtigung auch Ärger und Zorn mitschwingen [...]."[6]

Äußerst fragwürdig erscheint auch für diese Zeit schon das Züchtigungsrecht gegenüber den eigenen Kindern, wenn man liest, dass „gegenüber fremden Kindern [...] ein Züchtigungsrecht nicht anzuerkennen" sei, „und zwar auch nicht, soweit es wegen grober Unart auf der Stelle in maßvoller Weise ausgeübt wird[...]"[7]. Abgeleitet wurde dieses offenbar aus dem Allgemeinplatz – und in der Abwägung der Gewaltanwendung selbst eher fadenscheinig – dass „Erziehungsmaßnahmen nie Fremden überlassen werden können"[7].

Immerhin wird aber schon in den 1980er Jahren die Gewaltanwendung in der Erziehung rege diskutiert. Eher absurd wird noch 1985 die Meinung vertreten, dass „die Forderung nach einer gesetzlichen Abschaffung des elterlichen Züchtigungsrechts ([...] verwirklicht in Schweden durch Gesetz vom 22.3.1979 [...]) ebenso unrealistisch wie sachwidrig"[5] sei. Und sogar dieses: Einen angemessenen erzieherischen Umgang der Eltern mit ihren Kindern lasse sich nicht mit den Mitteln des

Strafrechts durchsetzen. Zweifelsohne sollte das Strafrecht nicht das Mittel sein, um ein angemessenes elterliches Erziehungsverhalten zu formulieren – wohl aber ist zwangsläufig die Strafgerichtsbarkeit jene Institution, die fehlerhaftes Erziehungsverhalten zu sanktionieren hat.

„Durch das Gesetz zur Ächtung von Gewalt in der Erziehung vom 2.11.2000 […] ist in § 1631 Absatz 2 BGB ein gesetzliches Verbot von ‚körperlichen Bestrafungen, seelischen Verletzungen und anderen entwürdigenden Maßnahmen‘ eingeführt worden."[8] Hier wägt der Autor ab: „Die Argumente für das Fortbestehen eines Rechts zur ‚mäßigen‘ Misshandlung […] setzen sich mit dem Hinweis auf allfällige Nervenbelastungen (und die daher ‚ausrutschende‘ Hand) in Widerspruch zur Behauptung einer Rechtfertigung (oder gar: Tatbestandslosigkeit) durch pädagogische Motivation […]."[8]

Mit der „mäßigen Misshandlung" jongliert der Autor verbal etwas übereifrig: Eine „mäßige" Handlung ist zwar umgangssprachlich wohl als „geringfügig" zu verstehen, aber im Fachjargon als „maßvoll" oder „angemessen". Eine Miss-Handlung, eine verfehlende Handlung also, kann in sich logisch niemals „angemessen" sein. Dann aber weist er richtig darauf hin, dass argumentativ unverträglich eine Handlung im Affekt – als an sich unangemessene, aber unbewusste Reaktion auf eine bestimmte Situation – vermischt wird mit der bewussten Motivation, erzieherisch angemessen zu handeln. Diese Abwägung stammte noch aus der Zeit v o r der Gesetzesnovelle von 2000, erscheint dem Autoren aber schon grundsätzlich absurd. Folgerichtig weist er an anderer Stelle noch einmal auf die juristische Konsequenz hin: „Individuelle Schuld-Gesichtspunkte (z. B. lebensumständliche, persönlichkeitsbedingte [und] situative Überforderung; eigene Gewalterfahrung) sind bei der **Strafzumessung** zu berücksichtigen […], können aber weder einen generellen, dogmatisch unklaren Freiraum begründen, noch eine kriminalpolitisch motivierte (prozessuale) Einschränkung der Verfolgbarkeit."[9]

Dass Jugendämter dennoch Abwägungen nicht im streng juristischen Sinne, wohl aber als inhaltliche Orientierung hinzuziehen, die eine „Gefahr der Störung des ‚Familienfriedens' (bei Strafverfolgung wegen ‚kräftiger' Schläge ins Gesicht)"[8] sehen, das ist ein ganz offen als familiengerechtes Konzept im Umgang mit Problemfamilien ausgesprochenes Arbeitsprinzip der Jugendämter. „Tendenziell bleiben die Jugendämter allerdings der alten pädagogischen Devise treu, wonach es in nicht wirklich geordneten Verhältnissen bei Mama und Papa immer noch besser ist als im Heim oder bei Pflegeeltern."[10] – Derselben Publikation zufolge besagen die Zahlen der Statistiker für 2007, dass die Jugendämter 28.200 Kinder in ihre Obhut nahmen, aber nur in 435 Fällen gegen den Willen der Eltern! Man kann schlussfolgern, dass die Zurückhaltung der Jugendämter mit begründet ist durch eine behördliche Resignation in Ansehung der überwältigenden Fallzahlen – und dies, obwohl eine Dunkelziffer zu Problemfamilien nicht geschätzt oder nicht veröffentlicht wird: Man scheint unter den gegebenen Umständen und Abwägungen schon Schwierigkeiten zu haben, hinreichend geeignete Pflegeeltern mobilisiert zu bekommen. Aber in Ansehung von über sechzehn Millionen Kindern und Jugendlichen in der Alterskategorie von null bis neunzehn Jahren, die in Deutschland leben, stellen diese Fälle, in denen das Amt Kinder aus der Familie nimmt, nicht einmal die Spitze des Eisbergs dar – sondern nur einen Punkt an der Spitze des Eisbergs, in dem sich gleißend die Sonne bricht.

Wenn am 21. Januar 2009 dem Parlament ein Gesetzestentwurf zum erweiterten Kinderschutz vorgelegt worden ist, dann ist man sich darüber klar geworden, dass die Novellierung des Bürgerlichen Gesetzbuches aus dem Jahre 2000 allein nicht ausreicht, um die Gewalt in der Erziehung wirklich überwinden zu können.
Heute lautet der § 1631 des BGB:
(1) Die Personensorge umfasst insbesondere die Pflicht und das Recht, das Kind zu pflegen, zu erziehen, zu beaufsichtigen und seinen Aufenthalt zu bestimmen.

(2) Kinder haben ein Recht auf gewaltfreie Erziehung. Körperliche Bestrafungen, seelische Verletzungen und andere entwürdigende Maßnahmen sind unzulässig.

(3) Das Familiengericht hat die Eltern auf Antrag bei der Ausübung der Personensorge in geeigneten Fällen zu unterstützen.

Wenn Eckpunkte eines Gesetzes zum erweiterten Kinderschutz sind, dass z. B. die ärztliche Schweigepflicht bei erkennbarer körperlicher Misshandlung aufgehoben wird oder dass das Bundeszentralregister um gering sanktionierte Sexualstraftaten erweitert werden soll, dann wird deutlich, dass man die Tabuzone und den unausgeleuchteten Raum der familiären Privatsphäre ins öffentliche Interesse ziehen möchte.

Man möchte nicht pauschal jede Familie der Kontrolle der Jugendämter unterwerfen – aber man möchte ein Netzwerk der Aufmerksamkeit schaffen und die grundsätzliche Möglichkeit ausweiten, die Kontrolle über Familien durch staatliche Organe auszuüben.

Einer Gesellschaft, die gewohnt ist, wegzuschauen und Privatspäre mit Unbedingtheit zu respektieren, muss man erst allmählich beibringen, was es heißt, als Gesellschaft Verantwortung zu übernehmen für Kinder und Jugendliche.

Fußnoten:

1 „Beck'sche Kurz-Kommentare: Palandt, Bürgerliches Gesetzbuch, 36. Auflage, 1977", § 1631, Ordnungspunkt 5.

2 „Beck'sche Kurz-Kommentare: Palandt, Bürgerliches Gesetzbuch, 36. Auflage, 1977", § 1666, Ordnungspunkt 4.

3 Mitteilung von Landgerichtsdirektor Mührer, Lübeck, zum Beschluss des Landgerichts Lübeck vom 18.5.1955 – 9 T 386/55

4 „Dreher/Tröndle: Beck'sche Kurz-Kommentare, Strafgesetzbuch und Nebengesetze", 42. Auflage, 1985, § 223 Randnummer 10a

5 „Dreher/Tröndle: Beck'sche Kurz-Kommentare, Band 10, Strafgesetzbuch und Nebengesetze", 42. Auflage, 1985, § 223 Randnummer 11

6 „Dreher/Tröndle: Beck'sche Kurz-Kommentare, Band 10, Strafgesetzbuch und Nebengesetze", 42. Auflage, 1985, § 223 Randnummer 16

7 „Dreher/Tröndle: Beck'sche Kurz-Kommentare, Band 10, Strafgesetzbuch und Nebengesetze", 42. Auflage, 1985, § 223 Randnummer 15a

8 „Tröndle/Fischer: Beck'sche Kurz-Kommentare, Strafgesetzbuch und Nebengesetze", 54. Auflage, 2007, § 223 Randnummer 18

9 „Tröndle/Fischer: Handkommentar Strafgesetzbuch…", § 223 Randnummer 18a, unten mit Quellenhinweisen

10 aus einer Publikation der WELT vom 08.01.2009: „Allmächtiges Amt gegen ohnmächtige Eltern"

Missverständnisse

Sabrina hatte irgendwann ins Krankenhaus müssen. Eine Sache mit der Gebärmutter. Das war vor meiner Zeit. Knapp davor. Aber seither war nichts mehr. Ich gehe also davon aus, dass es wirklich eine gutartige Geschichte war. Nichts Besorgnis Erregendes.

Aber weshalb erzähle ich das? Nun… es zeigt recht gut, dass Sabrina anfangs gewaltige Probleme hatte, mit meiner Art von Neugier klar zu kommen. Wenn ich bedenke, dass sie mich immer als emotionslos, gefühlskalt, unsensibel und viel zu rational hingestellt hatte, dann staune ich aber auch, dass sie von mir nicht lassen wollte…

„… was hab ich das gehasst, da im Krankenhaus zu liegen und auf Hilfe angewiesen zu sein", erinnerte sich Sabrina.

„Erzähl mir mehr von dieser Krankenschwester!" forderte ich sie auf.

„Was?" Sabrina warf die Stirn in Falten und machte eine krause Nase. Ihre Augen sahen mich fassungslos an.

„Erzähl mir mehr von dieser Krankenschwester", wiederholte ich, und zuckte mit der Schulter.

„Waaaaas?" Gift spie sie mit den Augen, Anklage mit dem Mund.

„Na. Dann eben nicht. – Was ist denn?" fragte ich – verärgert.

„I c h lag wegen meiner Gebärmutter im Krankenhaus – und D u fragst nach der Krankenschwester?"

‚Das steht ihr nicht', dachte ich bei mir, ‚wenn sie so kraus und in Falten geworfen schaut, nur um theatralisch das Gesagte zu unterstreichen. Und vielleicht wird sie jede dieser Falten, die sie nun als Ausdruck braucht, später einmal bereuen – als Makel des Verfalls…' Ich dachte es nur. Lieber dachte ich es nur.

„Was ist dabei?" fragte ich. „Du hast gesagt, es war gutartig. Du hast von der Krankenschwester erzählt, die Dich gepflegt hat. Du hast erzählt, als wie schlimm Du diese Hilflosigkeit empfunden hast…" Aber dann fauchte ich wie ein Kater, dem ein Kater entgegen tritt: „Und nun interessiert mich etwas

daran genauer – und dann ist es auch nicht richtig. Ich sag'
Dir mal was: Frisch Verliebte hören sich vom anderen jede
Kacke an, auch wenn es sie gar nicht interessiert! Frisch Verliebte machen alles mit, was der andere will – Hauptsache es
geht irgendwie endlich weiter. Frauen sind ohnehin gut darin,
Interesse für alles zu zeigen, was den Mann ihres Begehrens
bewegt. Und Männer schaffen es wider alle Erwartungen auch,
sich für jeden Scheiß zu interessieren, über den ihre Angebe-
tete plaudert – und sind in Gedanken doch nur beim Endziel
Ihres Werbens: im Bett mit dieser Angehimmelten.

Aber ich sag' Dir jetzt was: Ich b i n nicht frisch verliebt! Wir
lernen uns kennen. Das ist alles." Mir gingen noch viele Worte
durch den Kopf, die ich dann aber doch lieber nicht sagte. Nach
einem Moment des Schweigens, in dem ich meine nächsten
Worte wog, stand ich auf, wollte gehen, verharrte dann und
sagte nur: „Soll ich Dir noch beim Abspülen helfen?"

„Was? – Ob Du mir… beim Abspülen… helfen sollst? Ich
glaub das jetzt nicht…"

„Schon gut", wehrte ich nur ab: „Ich glaub, das führt heute zu
nichts mehr…" Ich ging in den Wohnungsflur, nahm meine Ja-
cke von der Garderobe und warf dann noch einmal einen Blick
in ihre Küche: „Na dann… vielleicht… Aber danke für das Essen." Ich ging. Ich war zornig. Meine Gedanken fuhren Karussel
mit mir. Ich hasste mich dafür, dass ich nun auf dem Wege zu
mir nach Hause war. Und so bog ich ziellos die nächste Straße
ein und ging schnellen Schrittes… nirgendwo hin.

Verliebt? Ich? Nein. Überhaupt nicht. Aber vielleicht hatte ich
die Hoffnung in mir lodern sehen, dass es doch noch eine Frau
auf dieser Welt geben würde, die mit mir würde klar kommen
können. Die meine Werte teilen würde. ‚Auf jeden Pott passt
ein Deckel' – sagt der Volksmund. Aber je älter man wird, desto verbeulter werden Pott und Deckel, und desto schwerer
wird es, sich noch auf jemand anders einzulassen. Und wenn
ich schon meinen Interessen und meinen Fragen an die Welt
mit Sabrina nicht nachkommen durfte… Ja: Dann sollten wir
es wohl lieber lassen, ehe es richtig weh tut…

Ich drehte Kreise durch die Straßenzüge. Unentschlossen. Und verärgert. Ich marschierte in einem Tempo, das jeden Beobachter an Flucht erinnern musste. Aber so trieb mir allmählich der Schweiß das Adrenalin aus den Adern. Am Ende meiner Kreise stand ich wieder... bei ihr vor der Haustür.

Sie drückte den Türöffner. Und ich tappte dann träge und Stufe um Stufe zu ihr zur Wohnung hinauf. Ich machte kein Licht im Treppenflur an. Und so warf ihr Körper einen Schatten in den Treppenflur, als ich auf ihrer Etage ankam. Als sie meine Schritte auf den letzten Stufen hörte, trat sie vor: „Was nun?!" flüsterte sie.

Ich trat vor sie hin, schwieg einen Moment... und fragte sie dann: „Erzählst Du mir nun von der Krankenschwester?"

„Ich fass es nicht! – Komm rein!" Sie packte mich am Arm und zog mich in die Wohnung.

Sabrina hatte mittlerweile abgespült. ‚War meine Flucht also wenigstens für e t w a s gut', dachte ich bei mir. Später sagte ich solche Dinge auch. Aber nicht jetzt. Für diese Art von Zynismus war es eindeutig noch zu früh...

Sabrina stellte neue Weingläser auf den Tisch und wollte nachschenken. Ich deckte mein Glas mit einer Hand ab: „Darf ich mir einen Tee machen?"

„Du, ich kann Dir auch einen Tee machen, wenn Du jetzt keinen Wein möchtest", sagte Sabrina.

„Ja, kannst Du", sagte ich – und stockte einen Moment. Dann: „Aber... ich würd ihn schon gern selbst machen."

„Ach, kann ich das also auch nicht richtig?!"

Ich stand auf und sagte nichts. Stumm erhitzte ich Wasser und suchte mir die Zutaten und Utensilien in ihrer Küche zusammen, die ich brauchte. Dann sah ich sie an und fragte: „Darf ich Dir vielleicht auch... einen Tee?"

Sie hatte plötzlich nur noch den Mund offen stehen und schüttelte abwesend mit dem Kopf. „Ja... Wenn Du schon dabei bist…"

Während ich an meinem Tee schlürfte, rührte Sabrina gedankenverloren den Honig unter und begann zu erzählen…

Juliane hieß sie. – Passt nicht so gut zu einer Krankenschwester. Drei Silben sind eigentlich optimal. Da kann man die mittlere Silbe so nachdrücklich hervorheben: Schwester Ma-riiie-aah! Oder so. Juliane ist etwas zu lang. Aber für sich genommen ein schöner Name. Zu schön für ihre Traurigkeit...

Von Luft ohne Liebe leben

„Meinen Bruder hat er wenigstens noch geschlagen…"
Ich unterbrach sie. Denn ich war erschüttert und verstand gar nichts: „Wenigstens geschlagen? Was meinen Sie denn damit?"
„Ja, wenigstens geschlagen. – Einmal, da war ich etwa acht Jahre alt, da hatte mein Vater meinen Bruder geschlagen… Ich weiß gar nicht, um was es ging. Jedenfalls schoss plötzlich die Hand vor und mit dem Handrücken der ausgestreckten Hand schlug er meinen Bruder auf die linke Gesichtshälfte. Es war ein dumpfer Schlag. Mein Bruder, obwohl er erst fünf Jahre alt war, biss sich sichtlich auf die Lippen und blieb stumm. Er atmete hektisch, leise rannen Tränen über seine Wangen, die er sich irgendwann mit ungeschickter, zitternder Hand abwischte – aber er plärrte nicht los. Ich saß erstarrt ihm gegenüber und hatte nur Angst. Einfach nur Angst. Ich hatte keinen Grund dazu, aber ich hatte Angst, dass mein Vater m i c h nun auch schlagen würde. Ich weiß nicht wieso. Und dann hielt ich es nicht mehr aus: Ich begann zu weinen und fragte meinen Vater: ‚Warum schlägst Du mich nicht!?'
Er sah mich irritiert mit krauser Stirn an und blaffte mich barsch an: ‚Was s o l l das? Was w i l l s t Du?' Ich begann so sehr zu zittern, dass ich nicht mehr ruhig sitzen konnte. Unter hemmungslosem Weinen keuchte ich stockend hervor: ‚Mich… schlägst… Du… nie!'
Mein Vater rang sichtlich um Fassung, als er meine Mutter anstarrte und hart fauchte: ‚Die ist ja vollkommen irr!!' Meine Mutter sagte gar nichts. Mein Vater schwieg nun auch und aß schnaubend weiter.
Irgendwann befahl meine Mutter, an mich gerichtet: ‚Iss Du auch weiter!' Mir war schlecht. Ich konnte nicht. Mit zitternden Händen hatte ich Probleme, das Besteck zu halten. Unter dem Schluchzen konnte ich kaum Schlucken. Unter der Angst, dass ich sonst noch etwas erleben würde, stopfte ich alles in mich hinein, was auf dem Teller war. Aber es kam kein Lob dafür, keine Anerkennung, kein Anzeichen der Zuneigung…" Nach einer Pause ergänzte sie: „Mein Vater hat mich immer nur ignoriert."

„Er hat Sie ignoriert? Wie meinen Sie das: ignoriert?!"

„Gut", lenkte Schwester Juliane unerwartet ein, „ich erzähle Ihnen eine Geschichte, die täglich so ähnlich abgelaufen ist:
Ich war acht Jahre alt. Mein Bruder war gerade in die Schule gekommen. Begeistert erzählte er von seinem Rechenunterricht. Da fiel ich meinem Bruder ins Wort, weil mir eine Episode von meiner eigenen Lehrerin einfiel, die ich lustig fand: ,Ja, wir haben heute bei Frau…' Mein Vater schnitt mir das Wort ab: ,Juliane?! Lass – Deinen – Bruder – aus-reden!!' Er sagte es nicht mit ermahnendem Verständnis für die kindliche Ungeduld – er sagte es mit einer Messerschärfe im Stakkato…
Ich schwieg.
Mein Vater ermutigte nun meinen Bruder, weiterzusprechen. Mein Bruder erzählte zu Ende.
Und dann wollte i c h erzählen… Da stand mein Vater auf und drehte den Fernseher lauter. Er sah mich nicht einmal an. Er machte nur den Ton des Fernsehers so laut, dass ich nicht dagegen an erzählen konnte.
So ging das jeden Tag. Niemals konnte ich erzählen. Immer machte mein Vater dann den Fernseher ganz laut. Und immer drehte er ihn leise, wenn mein Bruder etwas zu erzählen hatte.
Später stand mein Vater nicht einmal mehr auf, um mir das Wort abzuschneiden – wir bekamen dann ein Fernsehgerät mit Fernbedienung.
Ach", unterbrach sie sich dann selbst, „Sie müssen wissen: Meiner Mutter hatte er auch nicht viel zu sagen… denke ich. Jedenfalls stand ein Fernsehgerät in der Küche, solange ich denken kann. Genau gegenüber von dem Sitzplatz meines Vaters… etwas erhöht auf einem Brett… damit er gut sehen konnte."
Ich war sprachlos. Mir fiel nichts mehr dazu ein. Ich konnte mir so etwas nicht vorstellen. Und wahrscheinlich hätte ich es für dummes Zeug, für böses Reden und für eine schlechte Geschichte gehalten, die ein kleines Mädchen sich eingeredet habe, bis sie selbst daran glaubte. Aber ich sah diese Frau… mit ihren weit herunter gezogenen Mundwinkeln… mit diesen aufeinander gepressten Lippen… mit diesem verbitterten Blick… Keine alte Frau, die vom Leben enttäuscht war, sondern eine junge Frau von

Anfang dreißig, die ihre Arbeit verbissen gut machte und dabei kaum ein Wort sagte.

„Mh…" staunte ich, „klingt aber doch recht gesprächig?"
„Weil ich Sie provoziert hatte. Weil ich sie aus der Reserve gelockt hatte. Und das war ehrlich gesagt gar nicht meine Absicht. Ich selbst wollte reden – über mich. Ich ahnte ja nicht, dass eine solche Geschichte kommen würde aus dieser verstockten Schwester…"

… ich erwachte aus der Narkose. Und dann war diese Schwester da. Mir drückte die Blase – ich musste auf die Toilette. Ach, was sag ich? Auf die Toilette? Ich hätte gar nicht aufstehen können.
„Schwester", sagte ich. Ich dachte zumindest, dass ich es sagte. Aber ich musste erst einmal Worte sortieren und dann formen lernen. Ich versuchte es also noch einmal mit diesem einfachen Wort: „Schwester!" Sie sah mich an. Sie sagte kein Wort. „Ich muss…" Ich versuchte zu zeigen – und musste feststellen, dass mein ganzer Körper noch nicht in der Lage war, mir zu gehorchen.
Die Schwester verschwand hinter einem Vorhang. Dann kam sie mit einer weißen Plastikflasche zurück, die sie mir lieblos unter der Bettdecke zwischen die Beine klemmte. Es tat nicht weh, sie tat es nicht ruppig, aber ich hatte nicht das Gefühl, dass sie es gern tat. Und sie machte das auch nicht mit routinierter Kühle…
„Haben Sie Schmerzen?" fragte sie mich. Sie verzog keine Miene.
Ich schüttelte mit dem Kopf. „Nein." Ich starrte unter die Zimmerdecke. Es war mir peinlich, in diese Flasche pinkeln zu müssen. Es war mir peinlich, mir diese Flasche zwischen die Beine legen lassen zu müssen. Es war mir peinlich, so vollkommen ausgeliefert und hilflos zu sein.
„Das kommt von der Narkose. Wenn Sie Schmerzen haben, dann müssen Sie das sagen. N o c h wirkt die Narkose. Sie sprechen auch noch undeutlich"
So, so. Ich sprach also undeutlich. War mir gar nicht so aufge-

fallen.

„Was denken Sie?" fragte ich. „Wie ist es verlaufen?" Ich wollte irgendetwas hören, was mir sagte, wie ich mich fühlte. Ich fühlte nichts von dem, weswegen ich nun aus der Narkose erwachte. Das beruhigte mich so wenig, wie mich Schmerzen sicherlich beunruhigt hätten.

„Ich kann nichts sagen", kam es knapp zurück. Und dann: „Da müssen Sie den Arzt fragen."

Aha. Gut. Dann vielleicht morgen. Wann war denn eigentlich morgen?

„Wie spät ist es?" fragte ich sie.

„Elf. – Vormittags."

Aha. Also noch lange, bis ich eine Antwort bekommen würde.

Sie schwieg wieder. Ich dann auch. Und dann fragte sie mit einer ungeduldigen Handbewegung, mit der sie auf meinen Unterleib zeigte: „Was ist? Haben Sie schon?"

Ich schüttelte den Kopf. Ich konnte nicht, wenn sie dabei war. „Ich… kann nicht…"

Sie verstand. „Ich schau gleich noch mal rein", sagte sie nur knapp – und verschwand.

Wie viel Zeit hatte ich ‚bis gleich', bis sie wieder da sein und feststellen würde, ob ich nun hatte – oder nicht. Eine andere Schwester hatte mir schon gesagt, dass es nach der Operation ein Problem sein könnte, zu urinieren. Im schlimmsten Fall werde dann ein Katheter gelegt. Ich gebe zu: Davor hatte ich Angst. Weil ich mir das schmerzhaft vorstellte.

Nach ungezählten Minuten kam die Schwester wieder. „Und? Haben Sie?"

Ich schüttelte meinen Kopf.

„Drängt es denn sehr?" fragte sie weiter.

Ich schüttelte wieder den Kopf.

„Wenn es zu schlimm wird, dann muss ich Ihnen einen Katheter legen", sagte sie dann.

Ich nickte.

„Aber besser ist es, wenn es s o geht", sie wieder.

Ich nickte. Und nach einigen Momenten des Schweigens – sie wollte das Zimmer schon wieder verlassen, wortlos – da fragte ich: „Schwester? Tut das weh?"

Sie hatte die Tür schon in der Hand. Sie drehte sich um: „Mh?"

„Der Katheter… Tut das weh?" fragte ich wieder.

„Kommt darauf an."

„Worauf… kommt es an?"

„Ob derjenige Geduld hat, der ihnen den Katheter legt", antwortete sie etwas ruppig.

„Wer legt den Katheter?"

„Bis vierzehn Uhr? Ich. Und bis dahin sollten wir das geschafft haben – oder sie können so…"

Na, schöne Aussichten, dachte ich – murmelte ich. Und fragte: „H a b e n Sie Geduld?" Ich lächelte… eher hilflos.

„Nein. Ich bin eigentlich sehr ungeduldig. – Aber wenn ich Ihnen einen Katheter lege, dann werden Sie das nicht merken… falls Sie d a s meinen." Sie sah mich an aus ihren tief liegenden Augen mit den dunklen Rändern darum herum. Sie verzog keine Miene. Sie wirkte also weder glaubwürdig noch vertrauenserweckend.

„Aha?" stammelte ich, „G e f ü h l haben Sie! Aber keine Geduld?"

„Wenn Sie so wollen! – Ich komm später noch mal schauen."

Tapp, tapp, tapp. Und dann ging die Tür wieder hinter ihr zu. Ich war wieder allein.

Nein, nicht ganz allein. Aber meine Bettnachbarin schlief.

Ich dämmerte wieder in die Benommenheit fort.

… und wurde plötzlich wach, weil ich spürte, dass es lief! Das Bett!!

… bis mir einfiel, dass ich ja die Flasche zwischen den Beinen hatte. Hah. Erleichtert ließ ich es laufen. – Der Katheter blieb mir erspart.

Diese komische Schwester kam wieder ins Zimmer. Sie verzog keine Miene: „Und? Haben Sie jetzt?"

„Ja", lächelte ich, „der Katheter ist mir erspart geblieben!"

„Ach – ist halb so wild…" wehrte sie ab.

„Aber sie sagten doch…"

Zum ersten Mal hellten sich ihre Gesichtszüge auf. Aber sie grinste leicht, sie lächelte nicht: „Ich habe Kolleginnen, die assistierten besser in der Pathologie. ... die merken dabei nichts, und auch nie mehr danach: Bei den... ‚Patienten'... in der Pathologie kann man ruhig ein bisschen rabiater sein. – Wissen Sie: Man kann einen Katheter auch so legen, dass es keine Schmerzen verursacht. Es ist vielleicht ein bisschen unangenehm. Aber", sie tippte sich an den Kopf, „das ist dann eher ein Kopfproblem bei den Patienten!"

Ich fragte etwas spitz: „Ist da nicht... Geduld eine wichtige Voraussetzung?"

Sie nahm mir die Flasche fort und stellte sie an die Tür auf den Boden. Dann deckte sie mich zu, während sie mir eine Abreibung gab: „Wissen Sie: Ich bin eigentlich OP-Schwester..."

„Und weshalb sind Sie dann hier?" fiel ich ihr ins Wort.

„Wir haben hier auf der Station plötzlich einen Personalengpass. Zu viele Krankheitsausfälle. Und weil ich ‚nur' Krankenschwester bin, aber nicht die Fortbildung zur OP-Schwester habe, deshalb war ich nun diejenige, die den Platz im OP räumen musste. Das ist das mit den ‚Qualifikationen' in Deutschland. Seit ich examinierte, habe ich nur noch im OP assistiert. Ich habe x andere Schwestern bei ihrer Weiterbildung zur OP-Schwester begleitet und angelernt. Aber wenn es dann eng wird, dann fehlt Ihnen dieses Papierchen – dann sind die anderen dran..."

„Warum haben Sie denn die Weiterbildung nicht gemacht?" fragte ich.

„Damals, als ich examinierte, da haben sie noch nicht weitergebildet. Ich bin also so fließend in den OP. Und als sie drei Jahre später mit den Fortbildungen zur OP-Schwester anfingen, da haben sie immer wieder ganz Frische genommen. Ich habe das x Mal angesprochen – und bin immer übergangen worden. – Aber wissen Sie, weshalb ich lieber im OP arbeite?"

„Nein?" Woher sollte ich das wissen.

„Die Patienten quatschen da nicht!" giftete sie knapp, ging mit schnellen und harten Schritten zur Tür, hob die Flasche vom Boden auf und drehte sich dann noch einmal kurz zu mir hin: „... und stellen keine Fragen."

Zapp. Weg war sie. Das saß.

Im freien Fall

*Am Morgen darauf reinigte Schwester Juliane meinen Körper.
Aufstehen konnte ich noch nicht. Ihre Handgriffe waren zügig,
aber dennoch gefühlvoll. Sie war wohl tatsächlich keine von den
ruppigen Schwestern, die sie für die Pathologie vorzuschlagen
hätte.*

*Und allmählich rutschten die langen Ärmel ihres weißen Shirts
hoch, das sie unter ihrem Kasack trug, so dass ich ihre Unterar-
me sehen konnte. Ich sah zahlreiche Narben. „Was haben Sie
d a ?" fragte ich.*

*„Was meinen Sie?" antwortete sie ruppig. Aber sie wusste, was
ich meinte: Beiläufig zog sie die Ärmel wieder herunter. Ihr gifti-
ger Blick traf mich. Ich sagte nichts weiter.*

„Was ist?" biss sie, „hat's Ihnen die Sprache verschlagen?"

„Ach. Nein, nein. Ich frage zu viel."

*Stumm teilten wir die Zeit miteinander, bis sie mit mir fertig war.
Ich ließ nur meine Gedanken schweifen, wenn wir schon nicht
miteinander sprachen. Aber meinen Gedanken hätte ich auch
nachgehen können, wenn ich wieder allein war. Dafür brauchte
ich ja nicht ihre Gesellschaft…*

*Ich hatte einmal einen Artikel gelesen über so genannte ‚Ritzer'
– Leute, die sich an Armen und Beinen oder auch sonst wo die
Haut mit Rasierklingen aufschneiden. Aber die Narben sahen
ganz anders aus. Also hatte ich mir gar nichts dabei gedacht…*

*Ich hatte mal flüchtig eine Dame kennen gelernt – bildhübsch,
eigentlich – deren Gesicht übersät war mit kleinen, wenn auch
gut verheilten Schnittwunden. Ich erfuhr später, dass sie bei
einem Unfall gegen eine Mauer geprallt und dann durch die
Frontscheibe ihres Autos geflogen war. Das war noch vor der
Anschnallpflicht…*

*Unser Verhältnis blieb während der wenigen Tage, die ich im
Krankenhaus war, unterkühlt.*

Dann eines Nachts…

*Die Zimmertüre ging einen Spalt weit auf. Ich hob den Kopf und
starrte gegen das fade Licht, das vom Flur her nur einen Schatten*

abzeichnete.

„Ooh! – Sind Sie wach?" flüsterte Schwester Juliane.

„Ja." Ich flüsterte ebenfalls. Ich wollte meine Bettnachbarin nicht wecken.

Auf leisen Sohlen schlich Schwester Juliane zu mir ans Bett. „Können Sie nicht schlafen?" flüsterte sie wieder.

„Nein. Ist doch kein Wunder: Man kann hier schlafen, wann es einen überkommt. Dann kann man eben nachts nicht mehr schlafen."

„Wollen Sie etwas haben?" fragte sie.

Ich zog fragend die Augenbrauen hoch. Sie sah es in dem faden Licht, das vom Flur hereinfiel.

„Zum Schlafen, meine ich."

„Nein. Möchte ich nicht. – So ein Unsinn!"

„Sie werden morgen entlassen, nicht wahr?"

„Was? Morgen?" fragte ich im Flüsterton irritiert zurück. Ich drehte mich zu meinem Wecker um. Zwei Uhr elf, leuchtete es gegen die Dunkelheit an. „Jetzt doch noch einen Tag länger? Nicht gleich nach der Arztvisite? Es hieß, ich müsse nicht länger stationär bleiben!"

Sie reckte sich hoch, um meinen Wecker sehen zu können. Dann kicherte sie leise. „Oooh, Entschuldigung." Sie wedelte abwehrend mit der rechten Hand und hielt sich mit der linken den Mund zu. „Ich vergesse das immer bei den Nachtschichten…"

Welch ein Bild… Es lief mir ein Schauer über den Rücken und es drückte mir auf die Tränendrüsen: Diese vollkommen verstockte, verschlossene Frau… Plötzlich erschien sie so locker… Es war an sich wirklich kein besonderes Ereignis – aber ich erlebte sie das erste Mal lachend.

„Möchten Sie… reden?" fragte sie mich.

Ich zuckte mit den Schultern. „Worüber?"

„Über m i c h ."

Ich war bass erstaunt, dass sie nun von sich aus reden wollte. „Ja", flüsterte ich, „gerne! Aber: Können wir woanders hingehen?"

„Ja, wir können uns ja ins Schwesternzimmer setzen."

Ich griff nach meinem Morgenmantel und huschte hinter ihr her.

Ich saß bei Schwester Juliane im Schwesternzimmer und hing krumm über einer Tasse heißen Grüntees, den sie mir frisch zubereitet hatte. Mein Morgenmantel wärmte mich hervorragend. Aber ich hätte mir Socken mitbringen sollen. Der heiße Tee konnte meine kalten Füße nicht aufwiegen.

„Wissen Sie, ich werde gleich um sechs abgelöst. Und danach sind Sie weg. Und ich dachte mir, da Sie danach gefragt hatten... Sie sollen wenigstens die Möglichkeit haben zu verstehen. Ob sie es wirklich verstehen, das weiß ich nicht. Und da wir uns dann nicht mehr sehen, ist es mir auch egal... Wissen Sie, natürlich schäme ich mich dafür. Deshalb trage ich langärmlige Sachen – und damit keine dummen Fragen kommen."

„Schämen?" staunte ich. „Sie müssen sich für gar nichts schämen!"

„Ach doch, irgendwie schon. Man wird dumm dafür angeschaut, man kassiert dumme Bemerkungen, manchmal auch dumme Ratschläge. Und so lernen sie, sich zu verstecken. Irgendwie geraten Sie langsam immer weiter nach draußen..." Sie sah mich an. Und ich vermute, sie erwartete irgendeine Antwort. Aber ich schaute nur stumm zurück und hörte zu, während ich an meinem Tee nippte.

„Wissen Sie, ich schneide mich selbst..."

Unwillkürlich hob ich die Augenbrauen. Ich staunte nicht schlecht über dieses Bekenntnis. Sie sah mein Erstaunen. „Na, erzählen Sie mir nicht, Sie hätten das nicht gesehen. Sonst hätten Sie doch nicht gefragt!" Es klang vorwurfsvoll. Sie erwartete, dass ich ihr bloß etwas vorspielte. Sie erwartete mich unehrlich.

„Nein. Daran dachte ich eigentlich nicht. Ich hatte mal Bilder gesehen und einen Artikel gelesen... Über so genannte Ritzer. Das sah aber ganz anders aus als bei Ihnen!"

„Ach", fauchte sie verächtlich, „Ritzer! Welch ein bescheuertes Wort. Es klingt so lächerlich, es verniedlicht. Und es lässt uns nur so erscheinen wie dumme Gören, die ein bisschen an sich selbst herumkratzen. Ehrlich gesagt fühle ich mich mit diesem Begriff nicht ernst genommen."

Ich wehrte vorsichtig ab: „Ich habe dieses Wort auf Sie nicht anwenden wollen. Aber in dem Artikel wurden die Betroffenen so bezeichnet…"

Sie präsentierte mir die ersten Narben, die zugegebenermaßen schlecht verheilt waren. „Hier! Hier wollte ich echt nicht mehr. Aber meine damals beste Freundin fand mich, ehe die Lampen ganz ausgingen." Und dann zeigte sie auf weitere Narben…

„Hier. Was Sie als ‚Ritzen' bezeichnet haben… Ich finde ja als Krankenschwester optimale Bedingungen vor. Und ich weiß genau, was ich mache. Ich desinfiziere die Hautstelle vorher, und dann schneide ich mit einem kurzen Schnitt, aber tiefer. Später setze ich eine kleine Wundklammer darauf, damit sich die Narbe nicht dick und wulstig absetzt, sondern möglichst glatt verheilt."

„Ja, aber…" wandte ich ein und verstand noch überhaupt gar nicht, wovon sie eigentlich wirklich sprach. Worauf wollte sie denn hinaus? „Aber ist das denn dasselbe, wenn Sie sich… ja, weiß nicht… unter klinischen Bedingungen schneiden? Bringt Ihnen das noch irgend etwas?"

„Natürlich. Im Gegenteil. Ich denke, dass ich mir den Schmerz gezielter zufügen kann, eben w e i l ich weiß, was ich da tue. Und es geht ja nicht um das Risiko der Wundentzündung. Oder darum, später ein möglichst ausgeprägtes Narbenbild auszutragen. Sondern die Narben sind es ja so allmählich, mit denen Sie sich auch gesellschaftlich immer weiter ausgrenzen."

Ich erzählte ein wenig von dem, was ich darüber zu wissen glaubte: „Ich erinnere mich da noch flüchtig an den Artikel. Da sagte eine der Betroffenen so etwas wie… wenn sie das Blut fließen sähe, dann sei es gut, dann kehre Ruhe ein…" Ich sinnierte, den Blick gedankenverloren auf den kläglichen Rest des Tees gerichtet. Dann sah ich sie an: „Ist es d a s? Geht es um das Blut?"

„Nun, es ist sicherlich bei jedem ein bisschen anders. Aber eigentlich geht es um den Schmerz. Das Blut bedient nur eine weitere psychische Komponente. Das offene Blut ist auch ein Synonym für Verletzung, vielleicht auch für Ausbluten. Aber in erster Linie geht es darum, den inneren, den psychischen Schmerz, diesen inneren Druck körperlich fühlbar zu machen – und damit abzuleiten. I c h zumindest muss diesen furchtbaren inneren Druck über einen körperlichen Schmerz ableiten, sonst bringt mir das gar nichts." Sie lachte plötzlich: "Sonst könnte ich ja vielleicht einfach zum Blutspenden gehen – und gut is's."

Dann zeigte sie auf eine Narbe, die nicht gut verheilt war. "Hier. Da ging es mir besonders schlecht. Und dann habe ich etwas Neues ausprobiert: Ich habe eine recht hoch konzentrierte Salzlösung mit einer Spritze tief in den frischen Schnitt gesetzt. Weil ich merkte, dass mir der Schnitt selbst nichts brachte. Nicht, wie sonst… Es tat höllisch weh – aber es tat höllisch gut.

Ich habe es aber nicht wiederholt. Der hohe Salzgehalt zerstört das umliegende Gewerbe zu stark. Die Wunde kann nicht gut verheilen. Ich hatte meine heilige Mühe, die Narbe überhaupt so hin zu bekommen, wie sie jetzt aussieht!"

"Funktioniert das denn wirklich, wenn Sie sich selbst diesen Schmerz zufügen? Ich meine: Ist das nicht ein geschlossener Kreislauf, wenn Sie selbst diesen Schmerz empfinden – den psychischen, meine ich – und den dann mit dem körperlichen Schmerz aufwiegen, den Sie sich wiederum selbst zufügen?"

Sie wog mit ihrem Kopf bedächtig hin und her. "Ja. Ich denke, ich weiß was Sie meinen. – Manchmal stelle ich mir dabei vor, dass es jemand anders macht. Das sind dann so Fantasien, die dabei ablaufen. Das ist so ein Wunschtraum, von jemand anders aus diesem Schmerz geholt zu werden, denke ich. Aber da ist das Schneiden wohl nicht so ganz der richtige Weg: Ich für meinen Teil könnte mir niemanden vorstellen, dem ich so viel Vertrauen entgegen brächte, dass ich mich von ihm oder ihr schneiden ließe. Aber diese Fürsorge, diese Kümmernis, diese Nähe… Vielleicht wäre es das Optimum, wenn man sich damit bei jemand anders so richtig vorbehaltlos fallen lassen könnte…"

"Was ist das für ein… Schmerz?" Machte diese junge Dame sich gerade auf, mir zu erklären, was ich nicht wahr haben wollte? Vielleicht ahnte ich böse und vage, dass es hier auch um m i c h ging.

"Einsamkeit?" fragte sie. "Ich glaube, das reicht nicht. – Es war ja nicht nur die Ignoranz meines Vaters. Meine Mutter hat mich ihm dabei geradezu angedient. Niemals gab es ein Wort der Parteinahme für mich, niemals ein Wort der Verteidigung für mich – und ich hatte doch keine illegitimen Erwartungen, wenn ich sprechen, wenn ich mich mitteilen, wenn ich dazugehören wollte? Mein Bruder durfte es doch auch!

Meine Mutter hat das alles zugelassen. Sie hat alles mit mir geschehen lassen.

Alles war falsch. Alles was ich dachte. Alles was ich fühlte. Alles was ich ersehnte. In meinen Therapien habe ich ganz allmählich erst wieder zu begreifen gelernt, dass ich das alles auch erwarten d u r f t e ! Aber vielleicht war da schon alles zu spät. Vielleicht geht es jetzt gar nicht mehr…"

„Was meinen Sie, Juliane? Es ist nie zu spät!" antwortete ich – und kam mir doch etwas affig dabei vor, eine solche Floskel fallen zu lassen, während ich längst ahnte, dass hier jemand in ärgster Not war. Vermutlich hatte sie alle verfügbaren Floskeln längst gehört, mit denen Außenstehende das Unglück in ihr wegzureden versucht haben mögen – ohne zu erkennen, dass es um S c h m e r z geht.

„Sa… brina?" stammelte sie plötzlich, „darf ich Sie beim Vornamen ansprechen?"

Ich war wie vor den Kopf gestoßen. Wohin führte das hier? Wieso wurde ausgerechnet i c h jetzt hier zum Kummerkasten – oder was auch immer? „Ja. – Natürlich… dürfen Sie mich beim Vornamen ansprechen…" Hatte ich, weil ich soeben nicht ‚Schwester Juliane' gesagt hatte, sondern nur ‚Juliane', einer Vertrautheit Vorschub geleistet, die mir nun außer Kontrolle zu geraten drohte?

„Können Sie mich…" stammelte sie, während sie starr auf dem Stuhl saß und geradeaus starrte – an mir vorbei – und mit der Wand sprach, „in den Arm nehmen? – Aber nur, wenn Sie es wirklich f ü h l e n , wenn Sie es wirklich so m e i n e n können… warm und herzlich. Nicht, wenn Sie sich jetzt verpflichtet fühlen. Dann ist es genauso, wie ich es von meiner Mutter immer bekommen habe – wenn sie mich überhaupt mal berührt hat. Mein Vater hat mich überhaupt nie berührt. Er hat mich nur ignoriert."

Ich habe keine Ahnung, wie viel Zeit verstrich. Eine Minute? Zwei Minuten? Drei Minuten? Es tat ihr bestimmt unendlich weh, dass ich sie nicht spontan und vorbehaltlos in den Arm nehmen konnte. Aber tagelang hatte sie sich bemüht, genau k e i n e

Beziehung zu mir aufzubauen. Und nun sollte ich sie l i e b e n . Darum ging es doch gerade: Sie eben nicht f ö r m l i c h in den Arm zu nehmen, sondern e h r l i c h.

Ich konnte das nicht. Ich konnte jetzt nicht aufstehen und sie dann zu mir hin und in den Arm nehmen. Ich hatte keine wirklich tiefe Beziehung zu ihr. Dafür gab es zu viel Kälte in den Tagen zuvor. Ich hatte nichts g e g e n sie, ich war ihr gegenüber... naja, positiv neutral eingestellt. Eher Mitleid war das tragende Gefühl, das ich ihr gegenüber empfand.

„Möchten Sie zu mir kommen?" fragte ich Juliane schließlich. Mehr konnte ich jetzt nicht bringen. Ihre Augen waren rot unterlaufen, ihre Gesichtszüge noch straffer nach unten gezogen, als ich es von den letzten Tagen kannte. Sie sah mich an. Sie war enttäuscht: D i e s war es nicht, was sie sich erhofft hatte. Sie stand auf.

Ich rückte mit meinem Stuhl zurück und drehte mich zu ihr hin. Ich blieb sitzen.

Juliane kniete sich vor mir hin und legte sich mit ihrem Oberkörper auf meine Beine. Sie schob den Morgenmantel beiseite und legte ihren Kopf in meinen Schoß. Es war mir im ersten Moment unangenehm, dass sie nun mit Gesicht und Nase direkt an meinem Geschlecht war – nur einen dünnes Nachthemd dazwischen. Aber dann beugte ich mich meinerseits über sie und schmiegte meine Arme an ihren Körper an. Meine Hände ruhten auf ihren Hüften. Ich machte nichts weiter. Ich sagte nichts weiter. Ich gab nur... Nähe.

Es war genau richtig so. Denn nach einem kurzen Moment öffneten sich bei ihr alle Schleusen: Zunächst begann sie hemmungslos zu heulen. Und dann begann sie zu reden... Gut, dass die Morgenstunden ruhig waren und niemand nach der Schwester klingelte.

Ich machte mir später klar, was da passiert war: Sie hatte von mir nicht bekommen, was sie erhofft hatte. Also hat sie sich geholt, was sie erhofft hatte, indem sie zu mir kam und sich die Zärtlichkeit holte. Aber dann begriff sie, dass ich sie vorbehaltlos hielt – nur hielt, frei von irgendwelchen Erwartungen. Damit hatte ich die alte Geschichte positiv aufgelöst...

Sie hob ihren Kopf leicht und ich verstand, dass ich mich nun aufrichten musste. So blieb sie nun vor mir knien und schaute mit ihrem verheulten Gesicht zu mir hoch...

„An mein erstes Leben kann ich mich nicht erinnern. Überhaupt nicht.

Und ich muss etwa vier Jahre alt gewesen sein, als dieses Leben endete. Ich wurde missbraucht. Von wem, das weiß ich nicht. Ich kann mich auch nicht daran erinnern, was mit mir geschehen ist.

In meinem zweiten Leben ignorierte mich mein Vater, und meine Mutter liebte mich nicht. Mein Bruder bekam alles. Ich bekam alles, was nötig war, um uns wie eine ganz normale Familie erscheinen zu lassen.

Die wenigen Beziehungen, die ich mit Männern hatte, sind alle gescheitert. Immer hatte ich Angst, mich auf sie einzulassen. Mit Berührungen kann ich gar nichts anfangen. Grundsätzlich lasse ich mich gar nicht berühren. Von niemandem. Selbst der Handgruß ist für mich nicht selbstverständlich. Wenn ich dann zu einem Mann Vertrauen gefasst habe, dann wird es allmählich schön, angenehm, geborgen. Ich glaube, es gelingt mir sogar, guten Sex zu erleben.

Aber dann, irgendwann — und das ist immer so — kommt zum ersten Mal beim Geschlechtsakt dieses Bild...

Dann geht meine Zimmertür auf. Jemand tritt ein. Ich erkenne niemanden. Es ist nur ein Schatten. Eine Kontur, der ich nicht entnehmen kann, wer es war... Der Moment, mit dem mein erstes Leben enden sollte. Der Moment, mit dem jede Erinnerung endet. Der Moment, an dem fortan jede Beziehung scheitert.

Sabrina! Ich komm da nicht raus!

Als ich vierzehn Jahre alt war, da hatte ich schon so ausgesehen wie meine Mutter. Ein junges Mädchen von anderthalb Zentnern. Ich beschloss, nicht so zu werden wie meine Mutter — und hörte auf zu essen. Ich hörte ganz auf zu essen. Ich hatte ein ganz einfaches Mittel gefunden, um mich von meiner Mutter deutlich erkennbar abzuheben, die doch nichts weiter geschafft hatte, als mich endlos zu enttäuschen: Wenn schon mein Vater gegen mich war — s i e aber war nicht f ü r mich. Ich nahm ab und so weit ab, dass es beängstigte. Der Druck, wieder zu essen, wuchs. Das Verständnis für mich war dahin. Also wandelte ich meine Magersucht zur Bulimie: Ich aß wie erwartet – und erbrach es so bald wie möglich unbemerkt.

Das Erbrechen befreite mich nicht nur von der Nahrung, sondern entlastete mich auch von diesem furchtbaren Schmerzdruck, den ich längst ständig in mir trug. Ich hatte ein Ventil für diesen Schmerz gefunden, der in mir wohnt. Es half mir also zu überleben – und bedrohte gleichzeitig körperlich weiterhin mein Überleben. Mit Anfang 20 war ich so abgemagert, dass ein Arzt mir noch zwei Wochen geben wollte...

Dem zum Trotz fuhr ich selbst mit dem Pkw runde 600 Kilometer zu einer psychosomatischen Klinik. Unfassbar, dass man mich überhaupt hatte fahren lassen – in diesem Zustand! Als ich das tat, da war dies noch der letzte Ausdruck meiner Selbstständigkeit und meiner Selbstbestimmung. Denn längst war ich ja wiederum fremdbestimmt: Durch den inneren Zwang, nahezu jegliche Nahrung wieder zu erbrechen und durch Menschen, die nur das Beste für mich wollten. Aber wenn ich es rückblickend betrachte, dann hätte ich in diesem Zustand niemals selbst Auto fahren dürfen. – Noch während des Klinikaufenthaltes stellte sich heraus, dass meine Sehschärfe nachgelassen hatte und ich eine Brille brauchte. Und ich kann mich der Befürchtung nicht entziehen, dass die Fettreserven, die den Augapfel umschließen, bereits angegriffen sind. Ich weiß nicht, ob Sie es wissen, Sabrina: Diese Fettspeicher um den Augapfel herum sind die letzten, die der Körper unter Nahrungsstress abbaut, definitiv die allerletzten. Aber die werden auch nicht wieder regeneriert. Der Schaden ist dann irreparabel.

Ich kam aus dem Kreislauf nicht heraus. Ich war als geheilt entlassen worden, und eine Zeit lang schien ich ein normales Essverhalten zu zeigen. Aber der innere Druck rieb mich zusehends auf. Ich wollte nicht mehr. Das sind die Narben an den Pulsadern meines linken Arms. Meine beste Freundin fand mich und ‚rettete' mich. Es war keine Rettung: Ich lief weiter im Kreis, die Spirale drehte sich weiter und schneller, und die Schlinge zog sich immer weiter zu. Ich begann wieder mit dem Erbrechen, weil es mir Entlastung bot. Ehe es bedrohlich wurde, ging ich nun selbst noch

einmal in die Therapie in derselben psychosomatischen Klinik.
Danach ging es nicht mehr lange gut. Der Druck ließ nicht nach,
den ich in mir spüre. Ich begann, mich zu schneiden. Von An-
fang an habe ich nicht ,geritzt', sondern ich habe auf meine Art
und viel effektiver geschnitten. Und so taumele ich heute heillos
durchs Leben: Gelegentlich erbreche ich, gelegentlich schneide
ich mich. Aber in Wahrheit hilft es alles nur in dem Moment, für
ein paar Tage. Manchmal geht es zwei, drei, vier Wochen gut,
zum Beispiel wenn ich Urlaub habe und praktisch durchgehend
mit einem Menschen zusammen sein kann, dem ich vollkom-
men vertrauen kann und der mich dennoch nicht einengt.
Sabrina, ich weiß nicht, wie lange das noch so weiter gehen soll.
Ich kann nicht mehr…"

„Ehrlich gesagt war ich von diesem Problem und dieser Men-
schengeschichte so heillos überfordert, dass ich froh war, diese
Krankenschwester nachher nicht mehr wiederzusehen." Sabrina sah mich für einen ganz kurzen Moment fragend an, dann
starrte sie Gedanken verloren und stumm vor sich hin.
Nach einer ungemessenen, langen Pause des gemeinsamen
Schweigens entriss ich der Stille den bitteren Geschmack und
formte einen Klang: „Empfindest Du… Schuld?"
„Ja", stimmte Sabrina zu. „Irgendwie schon. Ich hätte sie wohl
nun genau an d i e s e m Punkt nicht allein lassen dürfen. Aber
ich hätte auch nicht gewusst, wie ich sie hätte auffangen sollen.
Verstehst Du? Da hatte mir gerade eine junge Frau eingestanden, dass sie sich im freien Fall befindet…"

Splitter

Das asiatische Geplärre ging mir so allmählich auf den Wecker. Sonst hatten sie sich den europäischen Gästen auch in der Wahl ihrer Musik angepasst, nicht nur in der Wahl ihrer Gewürze, bei denen sie gerade die scharfen deutlich sparsamer zu verwenden pflegten als in ihrer Heimat üblich.

Heute abend aber waren nur wenige Gäste in diesem asiatischen Restaurant, das wir sehr oft aufsuchten, weil es nicht so weit von uns weg war, so dass wir in wenigen Minuten zu Fuß dort sein konnten. Die Küche sagte uns sehr zu, das Personal war von Anfang an sehr freundlich zu uns – und mittlerweile waren wir auch wohl bekannte und immer wieder gern gesehene Gäste hier. Und so waren wir es auch schon gewohnt, dass die asiatischen Eigentümer und Betreiber dieses Restaurants stets in der Wahl ihrer Musik experimentierfreudiger und heimatverbundener wurden, wenn nicht so viele Gäste zugegen waren.

„Möchtest Du noch etwas essen?" fragte ich Sabrina – und muss zugeben, dass ich noch immer nervös war. Ich hatte noch immer nichts von alledem gesagt, weshalb ich sie heute abend unbedingt zum Essen hatte einladen wollen. Eine Vorspeise und eine Hauptspeise, die mich ganz gegen die Gewohnheit heute nicht gesättigt hatten, ließen mich noch immer hungrig zurück. Sabrina sah einen Moment auf ihren Teller, den auch sie heute ausnahmsweise wirklich restlos leer gegessen hatte.

„Ja… gerne. Einen Mango-Pudding hätte ich gerne", antwortete sie und lächelte verschmitzt.

Ich sah zur Getränketheke hinüber, bis der Blick des jungen Mannes beiläufig den meinen traf und hob dann in einer leichten Andeutung meine rechte Hand etwas vom Tisch. Er nickte. Und nicht erwähnenswert später stand eine Dame neben mir, um meine Wünsche entgegen zu nehmen. Eine Dame, deren Alter zu schätzen mir schwer gefallen wäre. Ich weiß nicht welcher Kunstgriff der Evolution es zumindest europäischen Männern schwer macht, das Alter asiatischer Frauen zum oberen Ende der Skala hin korrekt zu schätzen – jedenfalls hält sich hartnäckig das Gerücht, dass asiatische Frauen einfach nicht altern. Ich möchte mal leichtfertig zwei Hauptursachen fest machen: Erstens die dunklere Gesichtshaut, die feine Fältchen ebenso kaschiert wie eine dünner werdende Haut, die viele Ädernchen abzeichnet, und ebenso diverse Flecken, die alternde weiße Haut nun einmal gnadenlos zur Schau trägt – wenn nicht die betreffende Dame dem Make-Up wohl gesonnen bis hemmungslos verfallen ist. Ach ja, und zweitens schiebe ich es auf das ewige Lächeln, das ich der asiatischen Frau nicht als angeboren unterstellen kann. Auf jeden Fall im gastronomischen Gewerbe wissen sie ihr Lächeln und ihre Dienstbarkeit mit einer Leichtigkeit zu präsentieren, dass alle Welt daran glauben möchte, diese Eigenschaften seien ihnen gänzlich natürlich zu eigen.

,,Bitte noch einen Mango-Pudding für die Dame. Und ich hätte gern noch die Kokoscreme Ihres Hauses. – Ach! Und dann seien Sie doch so freundlich und bringen uns noch jeweils ein Glas Pflaumenwein – bitte angewärmt." ,,Ge'ne! Del Hell", antwortete sie. Vermutlich war sie noch recht neu in Deutschland. Dem entgegen, die Eigner des Restaurants sprachen ein so einwandfreies Deutsch, dass ich mich irgendwann einmal gedrängt sah, meine Neugier zu stillen. Der Eigentümer bestätigte mir dann meine Vermutung, dass sie in Deutschland aufgewachsen waren.

Als wir endlich rundherum gesättigt bei dem herrlichen Pflaumenwein angekommen waren und gemeinsam anstießen, da stellte ich endlich die Frage dieses Abends:

,,Sabrina… Möchtest Du… mich heiraten?"

Sie nippte ungerührt an ihrem warmen Pflaumenwein und verzog keine Miene. Sie hatte sich in all den Jahren, in denen wir zusammen lebten, die Fähigkeit bewahrt, mich bisweilen vollständig auf Schleuderkurs zu bringen. Ich konnte mit ihrem Gesichtsausdruck nichts, einfach gar nichts anfangen. Zeit verstrich, die ich für endlose Minuten hielt. Ich habe keine Ahnung, wie lange ich verunsichert auf eine Antwort wartete. Ehrlich gesagt hatte ich ein schlechtes Gewissen: Jahre schon lebten wir zusammen, und immer hatte ich mich genau um diese

Frage gedrückt.

Plötzlich zuckte ein Lächeln in ihre Mundwinkel. „Ich hatte nicht mehr damit gerechnet, dass Du mich das jemals fragen würdest…" sagte sie emotionslos und setze ihr Glas langsam ab. Dann sah sie mich wieder reglos an, mit dieser Andeutung eines Lächelns in den Mundwinkeln, und sagte kein Wort.

„Heißt das… Du willst nicht?" fragte ich unsicher. Und sie korrigierte mich mit einem unverhohlen etwas giftigen Beigeschmack: „… nicht m e h r?"

Mir war natürlich klar, worauf sie anspielte. Nachdrücklich drängte ich: „Heißt das, Du w i l l s t nicht!?" Sie antwortete nicht. Stattdessen sah sie auf ihr Glas nieder, das sie nun in die Hand nahm und in Zeitlupe an ihre Lippen führte. Dann schaute sie, während sie an dem Pflaumenwein nippte, mich an und hatte ein verzücktes Lächeln in den Mundwinkeln: „Es war eine köstliche Idee von Dir, den Wein anwärmen zu lassen!"

Nun ja, es ‚Idee' zu nennen war wohl zu hoch gegriffen: Es ist üblich, Pflaumenwein sowohl kalt als auch warm zu genießen. Es war eine ‚Wahl' zwischen den gebotenen Genüssen, den Pflaumenwein angewärmt zu bestellen. – Schließlich wäre ich auch nicht auf die Idee gekommen, meinen Heiratsantrag an Sabrina zur ‚Idee' hoch zu stilisieren…

Einmal mehr verunsichert stellte ich ungeduldig fest: „Das heißt, ich hätte Dich früher fragen sollen!"

Sie setzte ihr Glas ab und antwortete mir mit einem Lächeln, das ich nun wieder überhaupt nicht zu deuten wusste. Aber meine Unfähigkeit, ihren Blick zu deuten, lag wohl eher an meinem schlechten Gewissen: Mir war es ja sehr wohl bewusst, wie lange wir schon zusammen lebten, während dessen ich mich stets um eine klare Antwort gedrückt hatte. „Ja. Hättest Du!" sagte sie etwas spitz. Und dann weiter: „Die ersten zwei Jahre hatte ich auf nichts sehnlicher gewartet, als auf diese Frage von Dir. Aber nun leben wir schon fünf Jahre zusammen. Und ich habe mich damit abgefunden, dass wir auch ohne Papier und offiziellen Segen glücklich sein können."

Paaf. Also: Nein.

„Also: Nein?" fragte ich – und ärgerte mich ein wenig über mich selbst.

„Jaaah!" antwortete sie mit Nachdruck. Und ich wähnte mich noch immer ein wenig im Unklaren über ihre Meinung und ihren Ärger – vermutlich wollte ich es nicht wahr haben, einfach zu lange gezögert zu haben.

„Ist da jemand hinter mir?" fragte Sabrina mich dann. „Nein!? Was soll d a s jetzt?" Ich ahnte, dass sie wieder einmal das Thema wechseln wollte – in der Hoffnung, ich würde es nicht merken. Aber damit würde sie wieder nicht durchkommen bei mir!

Sie nahm ihr Glas... und spülte mit einem einzigen Zuge den gesamten Rest des noch warmen Pflaumenweins in ihren Mund, den sie dann genüsslich mit aufgeblähten Wangen in jeden Winkel ihres Mundes spülte. Mit drei Schlucken verschwand dann allmählich der Wein aus ihrem Mund. Das Weinglas schickte sie unverhofft in einer recht steilen Bogenbahn auf eine kurze Reise schräg hinter sich. Das Klirren erschreckte die wenigen übrigen Gäste – und ich schämte mich für dieses Gebahren. Dann lehnte sie sich vor und stützte sich mit den Ellenbogen auf der Tischkante ab, um langsam die Hände zu heben und gewölbt um ihren Mund zu legen. Dieses kleine Sprachrohr richtete sich nun auf mich und rahmte durchaus verlockend ihren lächelnden Mund: „Ja! Ich... w i l l!" Dann faltete sie ihre Hände und stützte ihr Kinn darauf ab. Ihr Lächeln hatte etwas von einer geschlossenen Gesellschaft: mit sich selbst glücklich, in sich selbst gültig.

Ich war sprachlos. Noch immer oder wieder. Mir fehlten einfach die Worte. Und nach einer Pause, in der ich hilflos in meinem sonst nicht zu knappen Wortschatz nach Worten suchte, und die mir selbst endlos vorkam – wieder endlos – da fing ich einfach an zu lachen. Ich war einfach nur: erleichtert.

Die Scherben waren mir peinlich. Weil es mir peinlich war, dass sich nun andere dafür bückten. Die Scherben hätte ich am liebsten selbst aufgehoben. Die Scherben wog ich später mit hinreichend Trinkgeld auf...

Nachdem ich gezahlte hatte, saßen wir noch einen Augenblick

stumm am leeren Tisch. – Ich hasste es, nach dem Zahlen sogleich aufzuspringen und den Raum zu verlassen, ebenso wie ich es hasste, im Kino gleich mit der Schlussszene aus dem Saal zu fliehen, statt wenigstens den Abspann zu nutzen, um den Film ausklingen zu lassen… um allmählich wieder in die Realität zurück zu gelangen. – Sabrina lächelte mich an und fragte mich ganz leise – es sollte wirklich nur für mich bestimmt sein: „Bist Du Dir ganz sicher, dass Du mich heiraten willst? Ich hab' Dir immer gesagt, dass Du Dir besser eine Jüngere genommen hättest, die Dich später mal pflegen könnte!"

Ich ließ mich nach hinten gegen die Stuhllehne fallen und warf den Kopf in den Nacken. Schnaubend ließ ich eine volle Lunge Atem gehen, wie ein altersschwacher Esel vor den Toren des Schlachthofes. Dann sah ich sie mit scharfem Blick an und antwortete ebenso leise: „Sabrina, ich habe Dir immer gesagt, dass ich viel zu rational bin für so ein junges, unvernünftiges Küken!"

„Ich bin a u c h unvernünftig!" biss sie zurück, die Nase kraus gezogen. Darauf grinste ich schief und bemerkte, was ich ihr auch nicht zum ersten Mal sagte: „Ja, und ich will mir nicht vorstellen, wie es wäre, wenn i c h um das Gleiche älter wäre – da wärst Du ja n o c h zehn Jahre unvernünftiger!" Irgendwie kam es mir plötzlich so vor, als sei das Gerangel um den Altersunterschied mittlerweile zu einem unregelmäßig immer wieder geübten Ritual geworden.

Und nach einem Moment des Schweigens, während dessen sie mich mit ungebremstem Lächeln angesehen hatte, schob ich nach: „Bist denn D u Dir sicher, dass Du m i c h heiraten möchtest? Es ist ein gewagter Schritt, dass süße Brot der Hoffnung gegen die karge Schnitte des Alltags zu tauschen!"

„D a erkenne ich Dich wieder", rief sie begeistert. „Aber wie oft habe ich Dir schon gesagt, dass Du der dritte meiner Drei Könige bist? Nach Dir kommt keiner mehr! Also bleibe mir erhalten, damit ich nicht einsam ende!"

Dämonhände

„Sag mal!" fragte Sabrina mich auf dem Heimweg, „weshalb wolltest Du eigentlich genau h e u t e abend mit mir Essen gehen?"

Ich musste schmunzeln. „Weshalb fragst Du plötzlich danach?"

„Ein Kollege von mir war etwas verärgert darüber, dass ich genau heute abend so etwas Unverrückbares vorhatte. Er hätte mich gerne noch ein, zwei Überstunden beansprucht, um an unserem Projekt voran zu kommen. – Du musst Dir aber jetzt keine Gedanken machen: Ich hatte es ihm vorgestern schon gesagt. Nur… ausgerechnet heute nachmittag hatte er einen wichtigen Fortschritt gemacht und hätte dann noch Hilfe und Gedankenaustausch brauchen können…"

„Also…" setzte ich an.

Und Sabrina griff es auf: „Also… wenn es Dir nicht so wichtig gewesen wäre…"

„Also war es heute eher unpassend!?"

„Ich sag doch: Mach Dir keine Gedanken! Es war ja nicht planbar, dass der Kollege genau heute einen Kreativitätsschub erlebt. Ich werde dann morgen sehen, ob ich wirklich so unentbehrlich war. – Und? Warum war es nun gerade heute so wichtig?" drängte Sabrina.

„Naja. Ich wollte Dich ja endlich ohnehin fragen… Und als ich plötzlich feststellte, dass… eh… da dachte ich, ich könnte auch ruhig noch ein paar Tage warten und Dich genau für heute zum Essen einladen."

„Weil?" drängte Sabrina weiter und machte ungeduldig eine anschiebende Bewegung mit ihren Händen.

„Weil wir heute genau so lange zusammen leben, wie Du älter bist als ich."

„Fünf Jahre…" begann Sabrina…

Kopfnickend ergänzte ich: „… fünf Monate und fünf Tage." Ich zog die Schultern hoch und grinste Sabrina an: „War nur so ein Zahlenspiel… Ich hoffe, es hat Euer Projekt nicht unverantwortlich nach hinten geworfen."

Sabrina knuffte mir in die Seite und zog mich mit beiden Händen zu sich heran. Dann umarmte sie mich und gab mir einen Kuss. Und während sie mir tief in die Augen sah, mit einem Lächeln von einem Ohr zum anderen, sagte sie ganz leise: „Manchmal darf das Privatleben ruhig wichtiger sein!"

Der Abend schien in einem Rausch aus Nähe, Zärtlichkeit und Glückseligkeit zu enden. Aber Sabrinas Reaktionen konnte ich entnehmen, dass sie am Ende nicht wirklich glücklich geworden war. Und als ich sie dann, die gängige Erschöpfung des männlichen Geschlechts durchlaufend, ansah, da rannen ihr Tränen an den Wangen hinunter – still und stumm, in der Hoffnung, beim Kullern nicht erwischt zu werden. Ich nahm zärtlich ihren Kopf in meine beiden Hände und küsste sie. Da fing sie erst recht an, hemmungslos zu weinen.
Ich ließ sie lange weinen. Aber schließlich fragte ich: „Sagst Du es mir?"
Wieder Schweigen. Langes Schweigen. So langes Schweigen, bis sie in der Lage war, trocken und ohne Schluchzen festzustellen: „Ich muss Dir endlich etwas sagen, bevor Du Dich entschließt mich zu heiraten."
Ich staunte nicht schlecht, dass es noch ein Geheimnis geben sollte, dass Einfluss auf meine Entscheidung nehmen müsse. Meine Entscheidung war gefallen. Andernfalls hätte ich sie nicht gefragt, ob sie meine Frau werden wolle. – Ach was: Wie förmlich das klingt. Und: Meine Frau war sie längst. Also ruhig noch etwas förmlicher: Ob sie es gemeinsam mit mir auch rechtlich besiegeln wolle. Soll es also so nüchtern klingen, denn mehr als das ist es nicht. Das, was zwei Menschen wirklich miteinander verbindet, das vermag ein verdammtes Dokument weder auszudrücken noch überhaupt zu begründen. Und was zwei Menschen miteinander verbindet, das könnte das rauschendste Fest nicht richten: Befeierte man eine unglückliche Verbindung, so könnte das pompöseste Fest das Unglück auf Dauer nicht mindern.
Das Schweigen dauerte mir zu lange. Ich ließ Sabrina los und warf mich auf den Rücken. Dann lag ich da, ruhig neben ihr,

starrte unter die Zimmerdecke und wartete wiederum.

„Schläfst Du?" fragte sie irgendwann unvermittelt.

Ich drehte meinen Kopf zu ihr. „Ich hätte schon mögen. Aber Du lässt mich nichts Gutes ahnen! Ich warte!"

„Also… Ich finde, Du solltest etwas noch wissen. Vielleicht ist es doch wesentlicher, als ich es mir immer eingestanden habe." Nun ja, es war ja nicht so, dass ich mich nach über fünf Jahren unbegrenzt sicher gefühlt hätte vor unangenehmen Überraschungen. Aber eigentlich war ich nur gespannt, jedoch keineswegs verunsichert in meiner Entscheidung. Was sollte schon kommen: Es wäre nicht das erste Mal, dass sie selbst etwas in ihrem Kopf und in ihrer Vorstellung völlig überzeichnet hätte. Überzeichnet nicht in Bezug auf sie selbst, sondern überzeichnet in der vermuteten Auswirkung auf unsere Beziehung, auf m i c h vielleicht auch ganz konkret.

„Das erste Mal, als Du mich so berührt hast wie jetzt eben gerade… da kamen die Hände meines Vaters wieder in mir hoch. Du kennst seine Hände. Wenn man nichts weiß über meinen Vater, dann sind es filigrane Künstlerhände…

Solange ich Kind war, hat er mit einem Rohrstock auf den Po geschlagen, oder mit der flachen Hand. Angekündigte Strafen hat er wütend, aber programmatisch abgearbeitet.

… aber als ich kein Kind mehr war, da schlug er nur noch auf den Kopf. Mit den bloßen Händen. Immer wieder… auf den Kopf. Immer da, wo Haare waren. Und unberechenbar!"

‚Alles nicht neu', dachte ich bei mir. ‚Alles nicht neu. Hast Du alles schon mal und mehrmals erzählt. Womit willst Du mich denn nun von der Heirat abhalten?' Aber ich dachte auch: ‚Es ist in Ordnung, wenn Du es wieder und wieder aussprechen musst. Nur: Mach es nicht so spannend als sei es geeignet, meinen Entschluss ins Wanken zu bringen!'

„Er schlug immer auf den Kopf. Und die längste Zeit habe ich gedacht, es ginge um die Tarnung: So gab es niemals sichtbare Spuren seiner Schläge, denn die Haare verdeckten, was er blau schlug. Aber viel später begriff ich, was er damit machte, dieses Schwein: Es ist eine ganz eigene Form der Erniedrigung, einen

Menschen auf den Kopf zu schlagen. Oder a n den Kopf, mit Ohrfeigen, mit Nackenhieben, oder ins Gesicht… das ist alles dasselbe. Ich habe erst viel später begriffen, um ein Wievielfaches gerade der Hieb an den Kopf den Menschen m e h r erniedrigt, als es ohnehin erniedrigt, Schläge erdulden zu müssen. Und ich habe erst viel später begriffen, wie sehr es an meinem Selbstwertgefühl gerüttelt hat.

Auch habe ich erst viel später begriffen, dass es gar nicht reichte, mich an der Unterstützung meiner Mutter aufzurichten. Sie selbst hatte kein wahres Selbstwertgefühl, sondern hatte nur das Modell von Selbstwertgefühl gelebt, um zu ü b e r-leben. Sie selbst hatte sich mit verzweifeltem und letztlich wirkungslosem Widerstand doch nur scheinbar widersetzt. Tatsächlich hatte auch meine Mutter sich aufgegeben. Tatsächlich hatte auch meine Mutter sich um ihren Selbstwert gebracht. Wie sollte mir Selbstwert vermitteln, wer selbst nicht wirklich Selbstwert empfand?"

„Ich habe wohl verstanden", antwortete ich Sabrina, „worin Du für Dich den Wert Deiner Mutter stets gesehen hast. Das ist auch soweit o. k. Aber sie hat Dir nur geholfen zu überleben – nicht mehr. In meinen Augen hast Du Deine Mutter stets viel zu hoch gehoben. Schließlich hat sie es nicht einmal verstanden, ihre Kinder vor den Tobsuchtsanfällen des Vaters zu schützen. – Sich selbst musste sie nicht unbedingt schützen. Sie war für sich selbst verantwortlich. Aber ihre Kinder hätte sie nicht ausliefern dürfen." Und nach einer Pause, in der auch Sabrina nichts sagte, fügte ich noch an: „Außerdem hat sie das System a k t i v mitgetragen: Auch s i e hat Euch geschlagen! Und sie hat den Gehorsam gegenüber dem Tyrannen verlangt, um ihren eigenen Frieden zu sichern! – Oder: Was sie unter ihrem Frieden zu verstehen glaubte."

Langes Schweigen.

„Mich nicht", sagt Sabrina unvermittelt. „Mich hat sie nicht geschlagen. Zumindest nicht, als ich älter war. Aber meine Brüder schon. Vor allem Arno, ja. Falls Du von dem sprichst, was Arno Dir erzählt hat…"

Wieder und viel zu lange Schweigen. Das Schweigen wusste

von sich selbst nicht, dass es jetzt nicht unterhaltsam war…

Ich wurde ungeduldig: „Was wolltest Du mir Neues erzählen?" forderte ich schließlich.

„Eh? – Ja. 'tschuldigung", stammelte Sabrina. – Und dann kam es:

„Als Du mich das erste Mal so angefasst hast, Deine Hände an meinem Kopf, da waren plötzlich die Hände meines Vaters wieder da. Ich musste mich zwingen, es mir von Dir gefallen zu lassen. Ich musste mit mir ringen, mir das gefallen zu lassen und nicht einem Instinkt folgend zurückzuweichen. Ich musste mir einreden, dass Du nicht mein Vater bist und mich nicht schlagen würdest. Und dann habe ich schwer mit mir ringen müssen, um die Geduld aufzubringen und das Gefühl Deiner zärtlichen Hände in mich eindringen lassen zu können. Um das Gefühl überhaupt empfinden zu können, dass Deine Hände Zärtlichkeit und Schutz bedeuten. Nicht Gewalt. Nicht die alten Bilder, die immer wieder kommen. – Noch heute kommen sie immer wieder. Eben waren sie auch wieder da, diese Bilder!"

Sie lag da – den Mund offen, atmete sie in kurzen, hektischen Zügen – und starrte unter die Zimmerdecke. „Ich habe Angst, dass es mich eines Tages doch wieder einholt. Alles. Und dass ich dann Deine Berührungen nicht mehr ertragen kann."

Ich nutzte eine kurze Atempause, um Sabrina zu unterbrechen: „Hast Du diese Bilder denn immer im Kopf, wenn ich Dich berühre?"

„Nein. Nicht immer. Eigentlich immer seltener. Aber wenn ich gar nicht damit rechne, dann sind sie plötzlich wieder da! So wie eben! Und dann habe ich Angst, dass die alte Angst irgendwann wiederkehrt – und gar nicht mehr weichen will. Wenn jede Deiner Berührungen von dieser Angst begleitet wäre, dann könnte ich Deine Berührungen nicht mehr aushalten. Das wäre auf Dauer unerträglich! – Und ich weiß nicht, was dann aus uns werden soll. – Und dann sollst Du nicht durch diese verdammte Heirat an mich gebunden sein… Verstehst Du?"

Einen Moment lang ließ ich das schweigend sacken und wirken. Und dann sagte ich etwas, das m i r ganz selbstverständlich erschien: „Ja. Ich verstehe."

Stille. Ungesagte Worte dröhnten allmählich, aber unidentifizierbar im Äther. Dann bemerkte ich, dass sie wieder weinte.

„Sabrina! Was ist denn plötzlich los?" Scheiße, blöde Frage. Sie hatte es ja gesagt.

Aber sie gab eine unverwartete Antwort: „Ach, verdammt! Warum kannst Du nicht sagen: Es macht nichts – es wird uns nicht trennen! – Oder irgendetwas anderes, weswegen ich daran glauben könnte, dass Du mich willst und dass wir es schaffen! – Stattdessen gibst Du mir recht. Ja, schön, dass Du mich verstehst. ... wunderbar, dass Du meine Angst auch noch bestätigst. Warum willst Du mich denn dann überhaupt heiraten?!"

„Sabrina, ich verstehe Dich! Warum darf ich das dann nicht sagen?"

„Darfst Du ja. Aber es war nicht das, was ich jetzt hören wollte." Verzweiflung begleitete ihre Stimme. „Außerdem: Du k a n n s t es gar nicht verstehen!"

„Nein!" fauchte ich dann, mit meiner eigenen Antwort nicht zufrieden, „natürlich kann ich es nicht verstehen. I c h bin ja schließlich nie geschlagen worden! – Also, zumindest nicht so. Als Knirps gab es wohl bei uns auch mal den Klaps auf den Po. Zumindest nach dem Hören-Sagen. Ich selbst kann mich gar nicht daran erinnern. Und dann später gab es nur noch endlose Diskussionen, die bei Uneinsichtigkeit eben einstweilig mit dem Machtwort der Eltern endeten. Aber nicht mit Schlägen. Nicht mit Prügel. – Also, wie könnte ich so wirklich, so richtig verstehen?!"

Ich drehte mich auf die Seite, zu ihr hin, und nahm sie in die Arme. Ich zog Sabrina ganz dicht an mich heran und umschlang sie mit beiden Armen und einem Bein. Wir schliefen gemeinsam darüber ein...

Vertrauen ohne Nähe

Sabrina hatte es mir selbst einmal eingestanden, dass sie die Wunden ihres Bruders erst verstehen lernte, als sie mit Heike zusammengelebt hatte…

,,Aber weshalb hast Du Heike verlassen, wenn es doch so gut klappte mit Euch zweien? Konntest Du es nicht ertragen, für eine Lesbe gehalten zu werden?'' Sabrina sagte nichts. Und ich forderte sie weiter heraus: ,,Frauen können ruhig zusammen leben. Da denkt sich die Gesellschaft nichts weiter bei. Leben zwei M ä n n e r zusammen, dann haben die auch gleich etwas miteinander – aber Frauen können eine gesellschaftlich anerkannte Lebensgemeinschaft bilden, ohne dass man dahinter auch gleich Homosexualität vermutet. Es ist nichts weiter als ein Gegenentwurf im hemmungslos patriarchalisch geprägten Gesellschaftssystem!''
,,Ach, Quatsch. Red doch keinen Mist! Selbst mein Vater – den Kopf voller Klischees – ahnte sofort, wo der Hase lang lief. Der hatte sich in seiner Welt voller Raster und Schubladen hübsch eingeigelt…
,Wenn das wahr ist, was ich vermute, dann habe ich keine Tochter mehr!' hatte er zornig getobt. Und ich entgegen: ,Ach, was vermutest Du denn?'
,Dass Ihr etwas miteinander habt! Das ist es doch! Mit Männern kannst Du ja nichts anfangen! Das willst Du doch sagen!' warf er mir vor, ,weil Dein Vater ja sooo schrecklich ist, dass er einfach a l l e s falsch gemacht hat! – Und nun sind auch noch a l l e Männer pauschal unerträglich!' Und nach einer Pause, die er nur zum Atemholen, aber nicht zum Denken brauchte: ,Gib es doch zu! Ich weiß es sowieso!'
Ich gab es n i c h t zu. In diesem Moment jedenfalls gab ich es nicht zu. Und als ich einige Tage später einem Kommilitonen davon erzählte, da bekam ich gerade von ihm eine Reaktion, die ich bei diesem straighten Typen so nicht erwartet hatte. Der stand stets ganz rational über allen Dingen. Deshalb fand ich ihn auch eigentlich, so rein menschlich, eher abstoßend.

Vielleicht kam er mir auch irgendwie machohaft vor wegen dieser Überlegenheit, die er ausstrahlte.

Aber andererseits war ich mir bei ihm auch damals schon stets sicher, dass er über nichts quatschte, was man ihm im Vertrauen sagte. Deshalb hatte ich mich auch als Studentin oft bei ihm ausgequatscht. Habe ihm meinen Müll dahin gekippt, wenn ich es nicht mehr ertragen konnte. Und war dann immer froh, wenn ich diesen coolen Typen wieder bei sich allein auf der Studentenbude zurück lassen konnte."

„Ach? War das nicht der, der vor kurzem die Heiratsanzeige geschickt hatte?" fragte ich.

„Ja. Der." Dann schwieg sie. Ich weiß nicht, wo sie mit ihren Gedanken war. Ich holte sie da nach einem Moment heraus: „Wollte der Dir damit eigentlich irgendetwas beweisen? Ihr hattet doch nach dem Studium nie mehr etwas voneinander gehört…"

„Ach", fauchte Sabrina verächtlich, „was denn beweisen?"

„Okay: Hatte er mal Absichten, Dir gegenüber?"

„Keine Ahnung. Ich bin nie so recht aus ihm schlau geworden. Wenn er Absichten hatte, dann hat er sie unter seiner coolen Maske aber gut versteckt. Der war ja stets dem Leben und der ganzen Welt gegenüber so grenzenlos überlegen. – Ich bin mir sicher, ihm war klar, was mir seine Freundschaft bedeutete. Das hätte der nie gefährdet. Da hätte i c h schon deutlich werden müssen ihm gegenüber. Aber damals konnte ich mit ihm nichts anfangen. Ich konnte nicht wirklich verstehen, wie er die Welt und das Leben sah. Aber er blieb mir auch niemals auf irgendeine Lebensfrage eine Antwort schuldig. Seine Antworten auf die Welt waren lästig, und oft taten sie auch weh. Aber trotzdem ging es mir stets besser, wenn ich mich bei ihm ausgesprochen hatte. Ich war plötzlich nicht allein.

Denn was immer ich ihm zu sagen hatte… e r war schon dagewesen, und e r hatte schon Antworten parat. Aber manchmal hörte er auch nur einfach zu. Er war ein Sonderling mit einer erstaunlichen Allgemeinbildung. Ein Typ, der in Gruppenarbeiten unglaublich produktiv war. Aber an den Prüfungen scheiterte er reihenweise. Irgendwann warf er den ganzen Schlamassel hin und ging ohne Examen ab…" Sabrina ließ gedankenverloren ihre Erzählung auslaufen. Ihre Augen waren leicht gerötet.

Ich gewährte ihr eine kurze Pause. Und dann hakte ich nach: „Und? W a s wollte er Dir beweisen?"

Sabrina zuckte mit den Schultern. „Keine Ahnung? – Vielleicht… dass man ihn doch auch lieben kann?"

Über ihre linke Wange rann dann plötzlich eine Träne, die sie nicht mehr halten konnte. Ich ging auf sie zu und nahm sie in den Arm. „Sabrina, ich hatte Dir gesagt, wir könnten zu seiner Hochzeit fahren, wenn Du wolltest!"

„Ja." Sie schluckte eine anrollende Träne hinunter und redete dann weiter: „Das hast Du. Aber… Ich w o l l t e nicht. Es hängen zu viele Erinnerungen an ihm. Ich weiß nicht, ob ich mich auch ein bisschen in ihn verliebt hatte. Vielleicht hatte ich ja gehofft, er merkte etwas. Aber eigentlich hatte ich nur einfach zu viel Müll aus meinem Leben bei ihm abgeladen. Ich w o l l t e nicht all diese Erinnerungen auch noch mit seiner Hochzeit befeiern… Verstehst Du?"

Sabrina konnte sich einer stummen Träne nicht mehr verweigern. „Vielleicht… hätte ich ihn wenigstens mal anrufen sollen…"

Wir schwiegen dann lange miteinander und gingen später übergangslos zum Abendessen über.

Aber dann endlich, als wir gemeinsam am Tisch saßen, bohrte ich weiter: „Und warum nun hast Du Heike verlassen?"

„Nicht i c h habe s i e verlassen. … s i e ist gegangen", antwortete Sabrina. Dann sah sie mich verärgert an und fauchte: „Was ist heute wieder los mit Dir? Warum rührst Du in dieser ganzen alten Scheiße herum? Und wieso quälst Du mich damit?"

„Weil es mich interessiert!" sagte ich. „Und weil Du immer nur auf der Flucht vor Dir selbst bist. Deine scheiß Geheimnisse kotzen mich manchmal echt an!"

Wieder teilten wir die Tischrunde mit dem Schweigen.

Und dann, ganz unvermittelt, gingen bei Sabrina die Tore auf:

„Bernd sagte mir damals: ‚Scheiß was auf Deinen Vater! Der h a t nur diese eine Tochter! Nach spätestens sechs Wochen wird e r sich wieder bei Dir melden, wenn Du nur Dein Ding durchziehst und ihn beim Wort nimmst. Zeige ihm, dass Du ihn ernst nimmst. Und krieche nicht hinter ihm her!' – Wahrscheinlich, so meinte er, würde mein Vater mir noch beim Umzug helfen, wenn wir in eine größere Wohnung ziehen würden. Es kam alles genau so: Mein Vater rief kleinlaut schon fünf Tage später bei mir an und erkundigte sich nach ‚unserem' Wohlergehen. Und er half tatkräftig beim Umzug, als ich endlich mit Heike gemeinsam eine vernünftige Wohnung gefunden hatte. Nur eine Entschuldigung bringt er eben nicht über die Lippen…

Nun muss ich aber zugeben: Ich war mir nicht so sicher, ob Bernd in dieser Angelegenheit wirklich Recht hatte. Hatte mein Vater eingelenkt, weil ich seine einzige Tochter war? Oder eher, weil meine Mutter Druck gemacht und meinem Vater den Verstoß der Tochter nicht hatte durchgehen lassen?"

Schweigen tat sich wieder auf – und schaffte nur eine Zäsur, die Sabrina brauchte, um zur eigentlichen Frage zurück zu kehren: „Nicht i c h bin gegangen. Sondern ich blieb in der Wohnung, die ich mir inzwischen auch alleine leisten konnte. Aber Heike war nach anderthalb Jahren plötzlich weg. Ich kam von der Arbeit nach Hause – und ein paar kleinere Möbel und alle ihre persönlichen Sachen waren weg. Ein Zettel auf dem Küchentisch, mit Hand in Eile und schwer lesbar dahin gekritzelt: ‚Ich werde Dich nie vergessen. Aber Du kannst mir nicht geben, was ich brauche.' Einfach so. Nach anderthalb Jahren, in denen alles so gut gelaufen war…"

51

Offene Wunde

„Lief es tatsächlich so gut?" hinterfragte ich, was mir wie eine Floskel vorkam.

„Tzz", zischte Sabrina mit einem Lachen, das keines war. „Natürlich lief es nicht gut!

Nach fünf Monaten, die wir zusammenlebten, da fragte Heike mich unvermittelt: ‚Hast Du am kommenden Wochenende etwas Besonderes vor?' Nein, hatte ich nicht. Was sollte das also? Und sie unterbreitete mir, dass sie zu einer Madame Yasmina nach Kassel fahren würde – schon am Freitag abend. Und dass sie erst am Sonntag zurückkommen würde. Ich war wie vor den Kopf gestoßen.

‚Sabrina, ich habe es Dir schon so oft gesagt: Ich brauche Schmerz. Ich muss Schmerz körperlich empfinden und psychisch genießen – manchmal auch durchleiden. Ohne das komme ich nicht wirklich zum Orgasmus. Und außerdem ist es eben die ganze Situation, das ganze Drumherum. Der lange Weg dahin…'

Ja, sie hatte es mir oft gesagt. Aber ich konnte mich darauf einfach nicht einlassen. Ich k a n n nicht jemand anders Schmerz zufügen. Dafür habe ich selbst zu viel davon erlitten…"

Ich sah sie an. Und Sabrina spürte es. Sie sah vom Tisch auf und unsere Blicke kreuzten sich. „Jaaah", sagte sie dann, „ich weiß… dass D u mir dazu schon alles gesagt hast… Aber ich k a n n es nicht."

„W a s kannst Du nicht, Sabrina?" bestand ich nun auf eine Diskussion, die wir schon hundert Mal geführt hatten. „Glaubst Du denn noch immer, Du könntest davor weglaufen, indem Du nicht hinschaust? Sabrina!"

„Du kannst das nicht verstehen! Du bist nicht geschlagen worden…" brach es aus Sabrina heraus. Und sie begann zu weinen. „Warum bedrängst Du mich immer wieder damit? Warum ist das immer wieder ein Thema zwischen uns?"

„Sabrina", drängte ich mit aller Deutlichkeit, „weil der Schmerz in Dir w o h n t! Du kannst nicht davor weglaufen, weil er ein Teil von Dir ist!" Und dann wechselte ich wieder zu einer ruhigen, nur einfach interessierten, abwartenden Sprechweise: „Erzähle weiter: Was machte Heike da in Kassel? Du willst mir doch nicht erzählen, dass sie diese… Madame… soundso für ein Wochenende aufsuchte, nur um zu kuscheln… oder zu quatschen?"

„Nein, natürlich nicht. Madame Yasmina hatte einen größeren Kreis von Leuten in ihrem Domizil. Männer, Frauen, auch Paare. Und Heike hatte sie angeheuert, um als Sklavin zur Verfügung zu stehen. Dafür kostete es sie nichts, was Madame Yasmina mit ihr machte."

„Und? Was machte sie mit ihr?"

„Ach, was weiß ich. Keine Ahnung… Ja, sie hat es mir manchmal ziemlich genau wiedererzählt. Ich wollte Teil daran haben. Ich fühlte mich von Heike ausgeschlossen, und wenn sie es mir erzählte – so hoffte ich – könnte ich auch etwas damit zu tun haben. Aber ich bekam nichts damit zu tun. Ich stand immer nur draußen, hörte zu – und spürte nichts."

„Nichts?" bohrte ich scharf nach.

„N i c h t s! Was soll das!?" blaffte Sabrina mich an.

„Was machte sie mit ihr?" drängte ich.

Ich muss zugeben, dass eine große Wut in mir aufstieg, weil ich das Gefühl hatte, dass Sabrina versuchte, mich heraus zu halten. Mal wieder! Aber ich lebte mit ihr zusammen! Ich war mitten drin.

Ich ballte meine Fäuste, die ich auf die Tischplatte presste. Und einen Moment stellte ich mir vor, dass der Tisch unter diesen Fäusten zusammenbrechen möge, damit Sabrina mal endlich irgend etwas spüren möge. „W a s machte diese Madame Dingsda mit ihr?" drängte ich weiter.

„Sie fesselte Heike. Sie schlug Heike. Aber niemals mit der bloßen Hand. Der Vater hatte sie auch nicht geschlagen. Oder nein: Er hatte sie selten geschlagen. Aber dann gewaltig. Mit einem… furchtbaren Hieb… So muss es gewesen sein. So erzählte sie es. Ihr Vater hatte Heike mit seiner riesigen, fleischigen Handwerkerpranke einmal vor die noch jungen Brüste geschlagen, einmal auch ins Gesicht. Aber meistens stand nur die Drohung im Raum… Seine stimmgewaltige Drohung –

das reichte schon für diese aufzehrende und alles erstickende Angst. Einmal, so erzählte mir Heike, hatte er sie gezwungen, sich auszuziehen. Und dann, da war sie wohl dreizehn oder vierzehn Jahre alt, hat er ihr sogar die Unterwäsche vom Leib gerissen, um sie in Angst und in Scham zittern zu sehen. Diese Angst, dass er einfach alles, wahllos a l l e s mit ihr würde anstellen können, reichte aus, um Heike in eine völlige Lähmung zu versetzen: Handlungsstarre, Denkblockade, Gefühlsleere."

Sabrina schwieg einen Moment und starrte ins Leere. Dann…

"Ich hatte mich von dieser Zeit an gefragt, ob ihr Vater nicht noch viel schlimmere Sachen mit ihr angestellt hatte. Aber Heike hatte nie davon erzählt…" Pause.

"Madame Yasmina zog ihr irgendwelche Klamotten an. Meistens waren ihre Brüste und ihre Scham entblößt. Und dann fesselte sie sie. Sie schlug sie wohl mit diversen Werkzeugen, niemals mit der Hand. Sie schlug sie hart, und sie streichelte sie. Mit Peitschen und Gerten. Sie schlug alte Wunden in ihr auf und trug sie sanft durch den Schmerz, indem sie Heike liebkoste. Sie ließ Heike taumeln zwischen eiskalten und herzenswarmen Duschen. So gab sie Heike Wechselbäder zwischen der alten Angst und der Nähe, die sie stets vermisst hatte – damals, bei ihren Eltern… und dann wieder: bei mir."

"Angst?" hakte ich nach, "Sabrina, glaubst Du das?"

"Ja! Sie hat es mir doch erzählt…"

"Mag sein, dass sie es Dir so erzählt hat. Aber es war bestimmt nicht die alte Angst." Ich musste doch irgendwie an mich halten. Es brachte mich einfach in Rage, dass Sabrina immer wieder und wieder dieser Realität des Schmerzes nicht in die Augen sehen wollte. "Das Ritual war doch ein anderes, wie Du selbst gerade erzählst. Und so war es das G e f ü h l der Angst, das sie hier, bei dieser Madame soundso ohne diese furchtbare Existenzangst und ohne diese aufzehrende Todesangst von dereinst wiedererleben konnte!"

"To-des-angst", raunte Sabrina verächtlich. "Mensch, jetzt machst Du da aber ein Riesending raus… Todesangst…"

"Ja, es klingt absurd", wandte ich ein, "aber für das Kind ist es das. Das Kind kennt den Tod nicht eigentlich. Tod ist für das

Kind nicht greifbar. Aber das unbestimmbare Gefühl des Endes. Dabei ist dieses Ende bestimmt von dem Gefühl, dass es zum Bruch mit den anfangs einzigen, später aber immer noch zentralen Kontaktpersonen, den einzigen Versorgern kommt, denen sie mit blindem Vertrauen begegnen – und ihr Leben gesichert sehen. Für das Kind ist mit diesen Situationen die Welt zuende: Diese kleine Welt mit der niemals hinterfragten Zustimmung und Versorgung.

Später kommen andere Aspekte hinzu. Später wird diese Bedrohung anders empfunden. Aber im Kern geht es immer ums Überleben, um Leben."

„Worauf willst Du eigentlich hinaus?" fragte Sabrina mich. „Ist das nun wieder Haarspalterei? Sind das jetzt wieder sinnlose Wortspiele?"

„Nein, keine Wortspiele", wies ich zurück und erklärte weiter: „Es geht um dieses Vertrauen. Von Anfang an geht es um das Vertrauen in jene Figuren, von denen ein Kind instinktiv weiß, dass es vollständig von ihnen abhängig ist. Als Kind und als Jugendliche ist sie einsam abgestürzt in ihrer Angst.

Das Verhältnis zu dieser Madame soundso muss von Anfang an geprägt gewesen sein von dem Vertrauen, das Heike in ihr bestätigt fand. Dann nämlich konnte sie in den alten Gefühlen baden, ohne darin heillos ertrinken zu müssen…"

„Naja, wie auch immer", hielt sich Heike in Sachlichkeit über Wasser, „jedenfalls erzählte Heike dann noch, dass diese Madame Yasmina am Ende alles so gut, so gewaltig und so friedlich auflöste… Das könne sie bei mir nicht bekommen. Und deshalb müsse sie da wieder hin, zu dieser Madame Yasmina – weil sie bei mir den letzten Gipfel der Lust und den letzten Gipfel des Friedens nicht erlangen könne. – Und auch nicht das Verständnis dafür… D a s tat besonders weh, dass sie mich als verständnislos hinstellte. Aber es stimmte wohl."

„W a s auflöste?" unterbrach ich Sabrina nun und bedrängte sie damit, noch einmal zurück zu gehen in ihren Erinnerungen und Erzählungen.

„Diesen Schmerz. Diese Entbehrung. Diese Scham. Einfach alles, was Heike weh tat. Diese Madame Yasmina löste es in Lust und in dem Gefühl vollkommener Nähe und Fürsorge auf."

„Nein, Sabrina", unterbrach ich wieder ungeduldig, „sag' es mir: W a s löste sie auf?!"

„Ich w e i ß es nicht. Sie hat es mir immer nur erzählt. Ich habe es nie verstehen können, dass Heike immer wieder diesen Schmerz erleben wollte, dem sie doch endlich entkommen war, als sie bei ihren Eltern ausgezogen war."

„Du w e i ß t es nicht?" hakte ich nach.

„Ich w e i ß es nicht!" bestätigte Sabrina betont. Und während sie mich unter sorgenfaltig aufgeworfener Stirn hervor ansah, lenkte sie nach einer Pause plötzlich und endlich ein: „Ich habe es nie an mich heran gelassen. Vielleicht, weil ich ahnte, dass es mir weh tun würde... Damals w u s s t e ich es nicht. Heute a h n e ich es..."

„Sabrina! Ich sage es Dir. Und ich werde es Dir wieder und wieder und wieder sagen, bis Du es verstehst: Heike musste die Geschichte wiedererleben. Aber diese Geschichte lief nun anders ab: Es waren dieselben Gefühle des Schmerzes, aber ohne diese Bodenlosigkeit, ohne diese Bedrohlichkeit, ohne die Lebensbedrohlichkeit, die all das unter den Händen ihres Vaters bedeutet hatte. Und diese Geschichte löst sich auf in Nähe, in Hingabe, in Fürsorge, in Liebe! Alles, was sie Daheim nicht erlebt hatte! Daheim war sie mit all dem Schmerz allein zurück geblieben. Weder ihr Vater noch ihre Mutter konnten am Ende den Schmerz auflösen. Und weil sie sie allein gelassen haben, deshalb haben sie den Schmerz nur tiefer in sie hineingebrannt.

Diese Madame XY aber hat sie aufgefangen!" Ich hatte mich in Begeisterung geredet, mit der ich es nun Sabrina vortrug. Und fürchtete doch zugleich, dass es für Sabrina bloß ein Vortrag bleiben würde, statt ihr das Verständnis für diesen Schmerz näher bringen zu können, der Heike schließlich dazu veranlasst hatte, dem Schmerz zu folgen und Sabrina zu verlassen. „Verstehst Du!? Sabrina!"

Gedankenverloren, nein, gedankenerstarrt schaute Sabrina vor sich hin. Plötzlich sagte sie sehr leise: „Ich hatte Heike gefragt, ob das denn niemals aufhören würde. – Und sie sagte: ‚Nein, es hört niemals auf. Aber wenn ich den Schmerz fühlen kann, dann geht es mir besser!' – N i e m a l s, sagte sie. Und immer wieder erzählte sie und erklärte sie. Und immer wieder bat sie mich, dass ich sie verstehen möge… und immer wieder fragte sie mich, ob ich sie jemals würde verstehen können…"

Ich sah Sabrina herausfordernd an. Und obgleich sie mich nicht ansah, verstand sie irgendwann mein Drängen.

„Nein…" unter Tränen. „Nein, ich verstehe n i c h t. Ich kann da nicht drangehen! – Ich habe Angst davor. Ich darf da nicht drangehen. – Warum tust Du mir immer wieder weh damit?"

„Ich w i l l Dir nicht wehtun, um Dir w e h zu tun, Sabrina." Ich beschwor sie geradezu. Aber es war immer wieder das Gleiche, wenn es um dieses Thema ging. „Ich will Dir wehtun, damit Du es endlich s p ü r s t. Sabrina, es gibt keine Ruhe in Dir: Du kannst nicht weglaufen vor diesem Schmerz!" – Und nach einer kurzen Pause versuchte ich sie wieder aktiv ins Boot zu bekommen – sie aus dem Zuschauerrang zu reißen: „Sag mir, was Du empfindest!"

„Angst. – Hast Du denn k e i n e Angst?!"

„Wovor?"

„Mir weh zu tun?"

„Nein. Was meinst Du?"

„Würdest Du mir weh tun?"

„Ja."

„Würdest Du mich schlagen mögen?"

Mögen? Ich war da nicht so sicher, denn ich hatte kein eigenes, sadistisches Interesse an solchen Praktiken. Und ich war mir so gar nicht darüber im Klaren, ob das ein Vorteil sein würde – oder ein Nachteil, weil ich mich vielleicht nicht authentisch geben könnte?

„Ja", antwortete ich, weil ich mich gemeinsam mit Sabrina darauf einlassen wollte… bei aller Unsicherheit, die mich plagte. Ich würde erst kennenlernen müssen, welche Art des Schmerzes, welche Intensität des Schmerzes und wieviel des Schmerzes sie brauchen würde. Und wahrscheinlich würde es jedes Mal anders sein. Das Instrument, auf dem ich zu spielen hätte, würde jedes Mal eine etwas andere Resonanz bieten.

– Oder vielleicht würde sie auch gar keine Lust dabei empfinden. Eben nicht wie Heike. Sondern vielleicht würde sie einfach komplett abstürzen in die alten Gefühle. Vielleicht kämen dann all die alten Gefühle in ihr wieder hoch, vor denen sie sich ständig auf der Flucht befand. Darauf wäre ich nicht im Geringsten vorbereitet, das war mir klar. Aber Sabrina tat sich keinen Gefallen mit ihren ständigen Flüchten, das war mir auch klar. – Alles war möglich, alles war offen. Aber diese Abwägungen und Befürchtungen setzten mich keiner Angst aus, die mich gebremst hätte.

Alles war für mich bisher die bloße Theorie dessen, was ich darüber gelesen hatte. Und ich hatte viel darüber gelesen, hatte mir die unterschiedlichsten Quellen erschlossen, denn ich wollte ergründen, was Sabrina quälte, das ich ihr nur ansehen konnte und über das sie nur allmählich zu sprechen begann. Ich versuchte zu ergründen, was es war, das Sabrina oft so verstockt und so verschlossen machte.

Wir waren doch längst vertraut genug miteinander: Was Sabrina immer wieder ab einem diffusen Punkt verstummen ließ, kann doch nicht die Angst gewesen sein, sich mir gegenüber die Blöße zu geben? Oder die Angst, mir etwas zumuten zu müssen, von dem sie fürchtete, dass es unsere Beziehung nur spalten könne? Doch, das war auch möglich – aber ich wurde das Gefühl nicht los, dass Sabrina allein bemüht war, sich selbst vor dem Zugriff und dem langen Arm ihrer Vergangenheit zu schützen.

„Sabrina: Wenn es Dir hilft – natürlich! Verdammt, wo ist das Problem?!" Ich war noch nicht bereit, Sabrina aus dem Thema zu entlassen.

„Bist Du denn tatsächlich der Meinung, dass jeder, der in seiner Kindheit unter elterlicher Gewalt gelitten hat, später die sexuelle Neigung entwickelt, Gewalt zu erleben?" war Sabrina wie erwartet abgeneigt.

„Nein!" wies ich klar zurück. „Selbst in unterschiedlicher Ausübung, also an die Erlebnisse und die Nachwirkungen eines jeden angepasst, bin ich nicht pauschal überzeugt, dass jeder masochistische Praktiken braucht, der als Kind Gewalt erlebt hat…"

„Was willst Du dann von mir?!" unterbrach Sabrina mich – und wehrte abermals meine Versuche ab, ihr pauschales Abblocken bei diesem Thema nicht einfach so hinzunehmen.

„… aber bin davon überzeugt, dass eine erschütternd große Anzahl, die ich prozentual nicht annähernd umfassen kann, nicht einmal bereit ist, sich ihren masochistischen Fantasien zu stellen!" bekräftigte ich nun – und wollte mal wieder auf nichts anderes hinaus, als ich es schon häufiger bei Sabrina zu erreichen versucht hatte: „Und dazu zählst auch D u ! Du machst einen s o großen Bogen um das Feuer", ich holte dabei weit mit dem rechten Arm aus und beschrieb mit einem langsamen Armschwung einen weiten Bogen, „um bloß nicht annähernd zu erkennen, was denn da eigentlich brennt!"

„Du kannst nicht alle gleich machen. Und Du kannst nicht alle mit demselben Maß messen", widersprach Sabrina erneut.

„Nein, nicht mit demselben Maß – aber ich darf bei allen die eine sich gleichende Frage stellen: die nach ihrem Schmerz!"

„Du machst Dir das zu einfach", wehrte Sabrina weiter ab.

„Muss zwangsläufig auf dieselbe Ausgangsfrage dieselbe Antwort kommen? – Das hat mit Gleichmacherei nichts zu tun, sondern mit einer Auseinandersetzung mit sich selbst, mit einem Dialog, mit Tabulosigkeit – kurz: Mit allem hat es zu tun, worum die Menschen einen Bogen machen!" verteidigte ich meine Angriffe auf die Verschwiegenheiten nicht nur Sabrinas, sondern der Gesellschaft schlechthin. Und dann weiter:

„Es ist eine so übliche wie erschreckende Tatsache, dass nicht nur einzelne Individuen, sondern eine ganze Gesellschaft sich Tabus auferlegt, nur um den Schmerz unter keinen Umständen anzurühren, der die Gesellschaft auf äußerst subtile Weise blockiert und zu Handlungen und Gepflogenheiten drängt, die die positiven Kräfte der Gesellschaft behindern. Einzelne Menschen wie auch ganze Gesellschaften stehen sich in Wahrheit selbst im Wege, weil sie Angst vor der Wahrheit haben."

Stumm, ruhig, ohne zustimmende oder ablehnende Regung – so traf mich Sabrinas Blick, aus dem ich nicht schlau werden konnte. So als hätte sie plötzlich beschlossen, sowohl ihre Abwehr aufzugeben, als auch mir Stand zu halten… was wiederum sich widersprechen musste.

Wir schwiegen lange miteinander. Längst war ich vom Tisch aufgestanden, hatte Sabrina von ihrem Stuhl gezerrt und mich – Sabrina auf mir liegend – rücklings auf den Boden gelegt und sie einfach nur gehalten. Ihr Schweigen konnte alles sein. Aber mir erschien es eher, als schwankten ihre Gedanken irgendwo zwischen Erinnern und Nachdenken. Dann redete sie von ganz selbst weiter…

„Wir hatten uns schließlich darauf geeinigt, dass sie, wann immer sie es brauchte, zu ihrer Madame Yasmina fahren könne", erzählte Sabrina. „Und sie fuhr oft dort hin. Ich bin nie mitgekommen. Und selten sprachen wir später darüber. So ging es fast ein Jahr lang. Und dann war Heike plötzlich weg. Sie rief mich später, viel später einmal noch an, ohne mir zu sagen, wo sie nun lebte oder wie ich sie erreichen könne. Sie bat mich um Verzeihung. Sie bat mich, sie zu verstehen…

Heike hatte diese Madame Yasmina schon gekannt, bevor wir uns kennen lernten. Und ich konnte nur vermuten, dass sie nun also irgendwo im Raum Kassel wohnte. Sie sagte mir, diese Yasmina sei die erste strenge Hand gewesen, von der sie aber auch hingebungsvoll geliebt wurde. Die erste strafende Hand, der sie sich kompromisslos anvertrauen konnte, weil sie das Gefühl hatte, dass diese Hand sie nicht bekämpfte. Die erste strafende Hand, die sie anschließend auch ganz und gar aufzufangen wusste. Bei ihr – zum ersten Mal in ihrem Leben – habe sie sich wirklich vorbehaltlos öffnen und fallen lassen können…

Ich habe daran lange knacken müssen. Aber ich musste es mir schließlich eingestehen, dass ich Heike nicht wirklich liebte. Also: nicht genug liebte. Weil ich sie nicht verstehen konnte."

„Warum konntest Du sie nicht verstehen?" Ich dachte, sie hätte doch genug selbst erlebt, um diese Heike verstehen zu können.

„Das habe ich Dir doch gesagt…"

„Hast Du? Du hast nur gesagt, dass Du Angst hast. Aber Du

hast mir nicht gesagt, dass es Deine Angst war – und noch immer i s t – weswegen Du Heike nicht verstehst. Du hast nämlich A n g s t davor, sie verstehen zu können. Und wahrscheinlich hast Du auch Angst davor, Dir eingestehen zu müssen, dass Du mit ihr noch immer zusammen sein könntest, wenn Deine Angst Dir nicht im Wege gestanden hätte."

„Ach, das ist doch Quatsch. Ich bin nicht homosexuell. Ich weiß gar nicht, ob ich wirklich so auf Dauer mit einer Frau hätte leben können."

„Aber bisexuell?" versuchte ich Sabrina weiter aus der Reserve zu locken. „Sonst hättest Du wohl nicht in anderthalb Jahren so viel Intimität mit ihr teilen können. Reicht das nicht?"

„Ich weiß es nicht. Hätte ich Dich jemals kennen gelernt, wenn ich mit Heike noch zusammen gelebt hätte? – Ich möchte Dich nicht mehr missen!"

Endlich lächelte Sabrina wieder. Wenn auch unter roten und tränenfeuchten Augen… Aber auch dieses: Wieder einmal war sie mit einem scharfen Haken abgebogen, um dem Thema der eigenen Angst und des eigenen Schmerzes endlich ausweichen zu können. Ich quälte sie an diesem Abend nicht mehr länger damit. Schritt für Schritt aber versuchte ich, bei ihr weiter zu kommen.

Ansichten und Einsichten

„Weißt Du", sinnierte Sabrina – mit den Augen auf der Tischplatte und einem Blick in die Ferne... „Wir haben meinem Bruder Unrecht getan – das habe ich dank Heike zu begreifen gelernt..."

„Inwiefern Unrecht? Er lebt sein Leben. Hinderst Du ihn daran?" fragte ich, „Das kann ich nicht sehen."

„Doch, ja, in gewissem Sinne hindern wir ihn daran. Wir haben immer gesagt, dass er w e n i g e r abbekommen hat, dass er bevorzugt war als der Jüngste, und und und. Aber wir haben auch immer gesagt, dass er das m e i s t e Aufheben um die ganze Geschichte mit meinen Eltern macht. Ja, er h a t auch weniger abbekommen als wir... Weniger Schläge, meine ich."

„Jeder hat eine andere Persönlichkeit", unterbrach ich Sabrina – und glaubte noch, für ihren Bruder in die Bresche springen zu müssen. „Das muss man ja mal berücksichtigen. Also: Niemals werden alle Kinder gleich behandelt. Aber selbst wenn es so wäre, würde jede Persönlichkeit die identische Umgangsweise doch anders aufnehmen, anders verarbeiten."

„Ja, ja. Das ist es ja, was ich erst dank Heike allmählich begriffen habe. Heike hatte eigentlich wenig konkrete, nein, wenig unmittelbar körperliche Gewalt erlebt – meistens eher die Androhung dessen – aber hat, so glaube ich, mehr darunter gelitten als der Bruder... Naja, vielleicht gesteht ihr Bruder sich das auch bloß nicht so ein... Keine Ahnung. Dem Bruder muss der Vater wohl immer so Klischees von Jungenhaftigkeit und Männlichkeit eingedrillt haben. Und was die Schläge betraf: Vielleicht war er bei Heike einfach gehemmter, weil sie eben ein Mädchen war. Ich hatte immer den Eindruck, dass ihr Bruder mit allem, was er tat, nur auf der Flucht vor sich selbst war. Er kokettierte einfach zu sehr mit beruflichem und persönlichem Erfolg."

„Was meinst Du mit ‚persönlichem' Erfolg?" Diese Beschreibung persönlichen Erfolgs weckte meine Neugier außerordentlich.

„Ja... wie soll ich es beschreiben. Zum einen verschmolzen für ihn beruflicher und persönlicher Erfolg ganz extrem miteinander. Aber auf eine ganz seltsame Weise…"

„Naja, das ist ja nun durchaus normal", wandte ich ein, „dass man beruflichen Erfolg auch als persönlichen Erfolg empfindet… dass persönlicher Erfolg auch durch beruflichen Erfolg repräsentiert wird!"

„Ja… Nein, ich muss versuchen, Dir das beispielhaft zu erklären. Er ist selbstständig, mit Messemanagement oder so etwas. Ich weiß gar nicht mehr, unter welchem Namen oder welcher Bezeichnung er sich selbst verkaufte. Also, er richtet für Unternehmen die Messeauftritte aus, organisiert den Messebau, das Messepersonal und so weiter. Und komischerweise arbeitet genau er immer mit den Branchenbesten zusammen. Erwies sich jemand doch als schlecht, oder als schlechter als er es erwartet hatte, dann hat er – konsequent wie er war – denjenigen ‚rausgeschmissen', ehe der Schaden zu groß wurde. Tatsächlich war es dann bloß so, das hörte ich aus seinen Erzählungen irgendwann heraus, dass er in den letzten Nächten vor einer jeden Messe einfach eigenhändig die Kohlen aus dem Feuer holte. Für m i c h klang das schließlich eher so, dass er nicht so durchgehend wie gewünscht und behauptet in der Lage war, seinen Qualitätsstandard zu vermitteln und dafür so zu begeistern, dass der Funke auch übersprang…"

„T-ha-ha", lachte ich: „Oder hat er die Leute einfach zu schlecht bezahlt? Geld ist im Geschäftsleben nun einmal ein wichtiges Motivationsmittel!"

„Kann ich Dir nicht sagen. – Oder etwas anderes: Für die Messestände hatte er auch immer die messeweit schönsten und intelligentesten Hostessen. Das empfand ich irgendwie immer als machohaft. – Naja, ich habe ja schon sehr früh Projektleitungen übernommen, so dass mir diese ganzen Themen der Mitarbeiterführung, Mitarbeiterauswahl, Zusammenarbeit mit Externen und so etwas nicht fremd ist. Ich habe ihm dann also einmal auf den Zahn gefühlt… Und stellte am Ende fest, dass er sich die Sache auch sehr einfach machte: Er arbeitete nur mit Freiberuflern zusammen, auf Neudeutsch ‚Freelancer', und mit kleinen Handwerksunternehmen, die naturgemäß ganz heiß und fettig sind auf solche Jobs in der Messebranche. So etwas ist ja schließlich eine gute Referenz – aber je kleiner der Betrieb, desto abhängiger sind die Unternehmer dann auch von ihm."

„Mja? Ist doch ganz legitim, so zu arbeiten. Ist halt heute so…"

„Ja", gab Sabrina zu, „natürlich ist es legitim. Aber so ist die Organisation auch einfacher, als wenn Du mit Strukturen arbeitest, die größer sind, mit Mitarbeitern arbeitest, die Du aus einer gewissen Routine heraus immer wieder begeistern musst. Und so. Verstehst Du?"

„Ja", gab ich zu, „ich versteh schon, was Du meinst. Für Deine Person meinst Du also, dass Du mit relativ kündigungssicheren Mitarbeitern Deines Unternehmens Gruppen bildest, mit Externen konfrontiert bist, die Du Dir nicht aussuchen kannst, dass Du mit externen Wissenschaftlern zusammenarbeiten m u s s t , weil sie Fördertöpfe im Rücken haben… und dergleichen…"

„Ja. Genau! – Oder so ganz privat: Kurz nachdem ich mit Heike zusammen war, da endete seine Beziehung zu der besten, schönsten und intelligentesten Frau, die ich je kennenlernen sollte. Als sie vor mir stand, da war es eine ganz normale, im positiven Sinne einfache, aber auch eine in nichts überragende Frau. Als es zuende war, da machte er sie nicht schlecht… er sagte gar nichts mehr darüber. – War ja auch ganz positiv, dass er nicht zu den Männern gehörte, die ständig hinter ihrer Verflossenen herjammern. Aber ein halbes Jahr später hatte er die nächste beste Frau. Also, versteh mich richtig: Nicht die Nächstbeste, sondern die nächste Beste! Nun erwartete ich nach seinen Beschreibungen das, was Männer gerne als ‚Granatenweib' bezeichnen. Aber nichts davon. Ich lernte irgendwann eine ganz gewöhnliche, unscheinbare Frau kennen. Sie hatte wirklich nichts Besonderes an sich. Glaub mir – ich will sie nicht schlecht machen: Es gab wirklich gar nichts, was sie von allen anderen Anwesenden außerordentlich abhob. Im Verlaufe einer Feier waren wir über viele Stunden dort – und was ich irgendwann begriff war, dass sie auf eine mir sehr befremdliche Art einen Distanz zu ihrer Umwelt zu halten verstand, eine undurchsichtige Mauer, die sie mit allen gängigen Gepflogenheiten der Herzlichkeit so geschickt überspielte, dass sie in Null-Komma-Nichts den Mittelpunkt bildete, wenn sie sich zu einer Gesprächsrunde hinzu gesellte – und nicht vermisst wurde, wenn sie die nächste Gruppe ansteuerte."

„Wie hat Heike sie denn empfunden?" wollte ich mehr über diese Frau erfahren.

„Als ich Heike darauf ansprach, da sagte sie nur: ‚Sie ist kühl. Aber mein Bruder hat sie für sich ausgesucht, und mein Bruder lebt mit ihr zusammen – nicht ich. Ich muss sie weder innig lieben noch verändern noch ablehnen.‘ Dann wechselte sie das Thema." Das Gespräch über Heikes Bruder klang damit wortlos aus. Und dann fügte Sabrina an: „Weißt Du, so allmählich konnte ich begreifen... ich konnte empfinden, was Heike mir über ihre Außenseiterrolle in ihrer Familie klagte. Und so allmählich veränderte sich meine Sicht auf meinen eigenen Bruder, auf Arno..."

„Hast Du mit Heike darüber gesprochen?"

„Oh ja! Mit Heike schon..." Sabrina schwieg. Und schwieg. Und so allmählich ahnte ich, was in ihrem Kopf vorging: „... aber mit Deinem Bruder nicht. Ich meine: Mit Arno selbst hast Du nie darüber gesprochen?"

„Nein... Also: Ja, genau das: Mit i h m habe ich nie darüber gesprochen. – Ich glaube, wir haben ihn in unserer Familie zum Außenseiter gemacht."

Ich musste Sabrina hier nun einmal korrigieren: „Sabrina, ist das nicht zu viel Asche auf Dein eigenes Haupt? Arno i s t ein Außenseiter. Aber das ist ein Teil seiner Persönlichkeit."

„Jaaah – das schon. Ist mir klar. Aber ich meine, dass wir in unserer Familie mit dazu beigetragen haben, dass er draußen steht. Lass es mich erklären..." Sabrina rang schwer mit sich.

„Indem wir ihm gesagt haben, dass er weniger Schläge abbekommen habe, und dass er eigentlich doch sogar bevorzugt worden sei, haben auch w i r ihm – also: seine Geschwister – klar gemacht, dass er falsch liegt, dass er die falschen Gefühle hat, dass er die falschen Reaktionen zeigt."

„Fühlst Du Dich schuldig?"

„Ach. Was heißt ‚schuldig'? Das wäre zu viel gesagt. ‚Schuldig' ist wohl nicht so das richtige Wort… Aber irgendwie haben wir schon mit daran gedreht. Lass es mich mal so sagen: In gewissem Sinne haben wir in dieselbe Kerbe geschlagen wie meine Eltern. Und ich denke heute, dass das nicht gut war. Und nicht fair." Pause.

Dann: „Und dadurch, dass er schließlich den Kontakt zu unseren Eltern abgebrochen hat, ist alles nicht gerade leichter geworden."

„Was meinst Du damit? Bist Du der Meinung, dass es ihm nicht gut bekommt? Dass er das Falsche damit tut?"

„Nein. Auf keinen Fall. Ich glaube, dass er besser damit klar kommt, wenn er nicht ständig und zwanghaft damit konfrontiert wird. Und das würde er eben, wenn er den Kontakt zu meinen Eltern weiter pflegte. Böse kann man es Flucht nennen – positiv ausgedrückt hält er einen Abstand, der für ihn wahrscheinlich gesund und angemessen ist."

„Meinst Du denn, dass er nur den Abstand zur Vergangenheit wahrt?" unterbrach ich Sabrina. Denn diese Auslegung seiner Distanz ging mir nicht weit genug. „Als so vergangensheitsverhaftet sehe ich ihn nicht!"

„Er fühlt sich unverstanden von meinen Eltern. Er ist der Meinung, dass sie ihn nicht ernst nehmen…"

Ich unterbrach Sabrina: „N e h m e n sie ihn denn ernst?"

„Sie verstehen ihn wirklich nicht. Nicht annähernd! Da fällt es wohl schwer, sein Gegenüber auch wirklich ernst zu nehmen, oder?"

Ich wollte eigentlich noch auf etwas ganz anderes hinaus und drängte: „Dein Bruder differenziert zwischen Deinen Eltern! Es sind nicht Deine Eltern – sondern es ist ein Vater, und es ist eine Mutter!"

„Ja. Ich trenne das… auch… auf… meine Weise!" Sabrina sah mich an und war sichtlich zerrissen. „Aber die Abneigung, die er meiner Mutter gegenüber hegt, die teile ich eben nicht. Ich habe eben ein völlig anderes Verhältnis zu meiner Mutter… Aber ich bin auch eine Tochter. Und… ich bin die Erstgebore-

ne. Er... ist der Letztgeborene. Ich kann nicht alles nachvoll-
ziehen, was er über sein Verhältnis zu meiner Mutter schildert.
Aber vermutlich kann ich es auch nicht von der Hand weisen...'' Sabrina ließ ihre Worte mit einem merkwürdigen Blick
ausklingen.

,,Was ist mit Dir?'' störte ich sie in ihrem Rückzug.

,,Ich glaube nicht, dass er gerecht ist, wenn er meine Mutter so
sieht, w i e er sie sieht.''

,,Was meinst Du konkret?''

,,Ich meine gar keine konkrete Situation. Aber ich meine zum
Beispiel konkret, dass jeder verdammte Streit, den e r mit
unserem Vater gestritten hatte, damit endete, dass meine
M u t t e r schließlich mit meinem Vater stritt. Sie hat auch für
i h n Partei ergriffen!''

Das konnte ich nun so nicht stehen lassen. Wahrscheinlich
hatte Arno seiner Schwester das auch schon gesagt. Aber ich
hatte plötzlich das Gefühl, es wiederholen zu müssen, was er
m i r einmal gesagt hatte: ,,Nein, ich glaube, genau d a s
hat sie nicht! Deine Mutter hat auch geschlagen – sie war auf
i h r e Weise gewalttätig, und auf i h r e Weise unberechenbar. Deine Mutter hat ihm zum Vorwurf gemacht, dass er mit
Deinem Vater stritt – selbst wenn sie ihm in der Sache Recht
gab. Deine Mutter hat schließlich Arno zurückgestellt – selbst
wider besseres Wissen. Sie hat schließlich alle anderen vorge-
zogen – Deinen Vater... Dich... auch wider besseres Wissen.
Und Du glaubst, Deine Mutter sei für ihn eingetreten? Wenn Ihr
das nicht gemerkt habt, dass sie sich gegen ihn stellt, dann hat
sie ja tatsächlich – so wie Arno es aus seiner Sicht behauptet –
i h m so geschickt Knüppel vor die Beine geworfen, dass das
Bild der treusorgenden Mutter nach außen gewahrt blieb!''

Zaghaft und unentschlossen zuckte Sabrina mit den Schultern und sah mich etwas unsicher an. Dann... relativierte Sie?
Oder erzählte sie nur weiter? ,,Er ist wirklich nicht gerade einfach. Zum einen habe ich kurz mit mir gerungen, wie ich darauf
reagieren sollte, als er mir mitteilte, dass er den Kontakt zu
meinen Eltern nun abgebrochen habe. Weil ich mich gefragt
habe, ob er dasselbe nun von uns Geschwistern auch erwar-

ten würde. Aber zum anderen, weil w i r noch den Kontakt zu meinen Eltern halten – und ihn damit ad absurdum führen. Natürlich ist es unser gutes Recht, in einer anderen Weise mit unseren Eltern und mit unserer Vergangenheit umzugehen, als er es für sich entscheidet... oder auch braucht. Aber es macht die Sache eben schwieriger.

Es liegt ein ungesunder Widerspruch darin. Denn meine Eltern verstehen es einfach nicht, dass er die Brücke zu ihnen abgerissen hat. Und wir erleichtern es ihnen wohl auch nicht, das zu verstehen, da gerade w i r ja noch da sind. Sie sehen es ja genauso, dass sie ihn geschont, bevorzugt und besser behandelt haben – aber genau e r eben ist gegangen."

„Hast Du mit Deinen Eltern einmal darüber gesprochen?"

„So richtig im Detail? Nein. Das nicht. Ich will auch nicht. In Andeutungen verstehen sie es einfach nicht. Und eine handfeste Auseinandersetzung will ich daraus nicht machen. Ich w i l l es nicht."

„Okay", ließ ich ihr das zu. „Aber... das ist dann D e i n e Art, für Dich einen... Abstand zu halten... Zu den Ereignissen von damals, meine ich."

„Ja. Das ist richtig." Nach einer Pause, in der nur die Stille sprach, fügte sie hinzu: „Ich w i l l aber auch nicht darin herumrühren!"

„Mit Deinen Eltern?! Okay", bestätigte ich ihre Art, damit umzugehen. „Aber: Solltest Du nicht mal mit Arno offen darüber reden?"

Sabrina sah mich nicht an. Ihrem Blick nach zu urteilen war sie weit weg... Aber irgendwann...

... nickte sie zaghaft mit dem Kopf – und zuckte fragend mit den Schultern.

Wäschezauber

Wir nahmen an einer Betriebsfeier teil, zu der Sabrinas Arbeitgeber nebst Lebensgefährten oder Ehegatten eingeladen hatte.

Einige Mitarbeiter hatten ein Programm vorbereitet, das so leidlich amüsierte. Und dann plötzlich…
So offen auf der Bühne verkleideten sie nun einen der Männer in eine Frau. Mit recht lächerlichen Mitteln, wie ich fand. Es handelte sich um den definitiv lumpigsten BH, den sie hatten auftreiben können. Und den füllten sie nun mit gammeligen, fleckig angelaufenen Damenslips prall auf, die man einfach nur als Liebestöter bezeichnen konnte. Keine Ahnung, wo sie all dieses Zeugs aufgetrieben hatten. Auch hätte sich keine Frau unserer Zeit so gekleidet, wie sie es diesem Herrn ‚Frauenverwandlung' nun antaten. Ich hatte ohnehin kein besonderes Faible für Travestie-Shows – aber was diese Herren da auf der leidlich hingezimmerten Bühne hinlegten, war einfach nur peinlich.
Ich weiß eigentlich gar nicht, was Sabrina daran zum Lachen fand. Lachte sie aus Solidarität mit? Oder um mitzuhelfen, die Peinlichkeit dieser Nummer zu übertünchen?
Ich fand das nicht besonders lustig und starrte angeekelt auf die Bühne und im Saal umher. Aber die teilweise schon recht hinfällig alkoholisierte Gesellschaft gröhlte ausgelassen unter Lachern und Anfeuerungsrufen. Und einer der Kollegen aus Sabrinas Projektgruppe, der mit uns und zwei weiteren Projektkollegen an unserem Tisch saß, stand auf und ging. Ich wusste nicht viel über ihn. Nur so viel, dass er vor zwei oder drei Jahren einmal bei uns zu Besuch war. Eigentlich hatte alles einfach nur damit begonnen, dass er mit Sabrina wichtige Abschnitte der Projektarbeit unbedingt noch fertig bekommen musste. Am Ende wurde aber ein sehr gemütlicher und auch schon fast persönlicher Abend daraus.
„Raucht der, Sabrina? Das wusste ich gar nicht." Eigentlich suchte ich selbst nach einem Vorwand, den Saal zu verlassen.

„Nein... Eigentlich... weiß ich es gar nicht. Also: Bei der Arbeit raucht er nicht."

„Wer hat... das da", ich fuchtelte mit meiner rechten Hand abfällig in Richtung Bühne, „organisiert?" fragte ich Sabrina.

„Ach, ein paar Kollegen aus einer anderen Projektgruppe. Ich wollte eigentlich auch mitmachen beim Abendprogramm. Aber dann bekam ich gesagt, dass sie es besser fänden, wenn der Programmteil des Abends von nur einer Projektgruppe organisiert würde – die ‚Kommunikationswege‘ seien dann kürzer. Naja, vielleicht hatten sie ja schon so ihre fertigen Vorstellungen zu einem Abendprogramm, keine Ahnung. Ich hab' mich da dann halt ganz rausgehalten. Wenn sie unter sich sein wollten, bitte. Es hat mir mal wieder gezeigt, wie gut es tatsächlich um unser Betriebsklima gestellt ist: Es hört an den Grenzen einer jeden Projektgruppe eigentlich schon auf."

Ich stand auf, beugte mich gegen den Lärm zu Sabrina hinüber und entschuldigte mich: „Ich geh mal nach Walter Ausschau halten! ... und: Ich muss auch mal wohin..." „Ja, ja. Mach mal." Sabrina gab mir einen Kuss und lächelte.

Zuerst ging ich auf die Toilette. An den Urinalen war ich für mich allein, an denen ich mich erst einmal befreite von einem furchtbaren Blasendruck, der mir im Sitzen aber noch nicht so aufgefallen war. Anschließend machte ich die saufende Giraffe: Tief hinunter gebeugt inspizierte ich die Toilettenkabinen, sah aber nirgends Füße. Ich spülte mir dann am Waschbecken die Hände. Das Handtuchpapier war ausgegangen, und so ging ich mit den nassen Händen und versuchte mir die Hände so allmählich trocken zu reiben.

Als ich nach draußen vor die Tür trat, muss ich wie ein dickärschiger Macho gewirkt haben: Meine Hände reibend, mit einem weiten Suchblick umher schauend. Sabrinas Kollege stand etwas im Abseits im Dunkel des Abends. Er hatte mich schon längst gesehen. Und so ging ich zielstrebig auf ihn zu, als ich ihn endlich erspäht hatte: „'tschuldigung. Das Handtuchpapier ist ausgegangen." Ich dachte, mich für diese Machogeste zu entschuldigen, könnte vielleicht ein guter Aufhänger sein, um überhaupt ins Gespräch zu kommen.

„Ja", gab er tonlos zurück, „hab' ich auch schon gemerkt. – Diese Nebensächlichkeiten hatten im letzten Jahr auch schon nicht geklappt. Aber es muss all die Jahre wieder dieser Saal sein. Naja, wahrscheinlich ist die Saalmiete billig", maulte er verächtlich.

„Walter. – Nicht wahr?" „Ja. Walter. Wenn Sie so wollen."

„Mh? Sorry. Ich verstehe nicht. Sabrina hat Sie doch mit ‚Walter' angesprochen, nicht wahr?" entgegnete ich irritiert.

„Ja. Sicher. Ach, ja, ich finde das auch ehrlich gesagt sehr nobel von Sabrina. Sie ist die Projektleiterin. Und sie geht ums Verrecken nicht auf das Hacken der anderen ein. Im Gegenteil: Sie hat den einen oder die andere auch schon davon überzeugt, mich mit Walter anzusprechen. Hab' ich hinten herum so gehört. Aber ich liebe meine Eltern eben nicht gerade für diesen Vornamen. Eigentlich ist es so oder so furchtbar."

„Was ist denn so furchtbar? Wie reden die anderen Sie denn an?" Ich verstand wirklich nicht. Nicht, dass ich den Vornamen ‚Walter' so außerordentlich gut gewählt fand, eher unzeitgemäß, für sein Alter. Aber was soll's: Leider hat man noch kein Mitspracherecht, wenn es um den eigenen Namen geht.

„Cheetah." – Pause.

„Mh? – Was jetzt?" Ich verstand noch immer nichts.

„Cheetah. Sie nennen mich Cheetah. Und ich rege mich nur lieber nicht darüber auf. Sonst finden sie es ja erst recht lustig."

„Aha? Dann ist also auch innerhalb des Projektes das Betriebsklima nicht so überragend?"

„Naja, es gibt halt so den einen oder anderen Giftpilz darin. Und dann noch drei Mitläufer – ach, und -innen – und schon ist der Gruppenzusammenhalt dahin. Aber beruflich kann man sich wenigstens auf jeden verlassen. Ist schon in Ordnung."

Wir schwiegen einen Moment miteinander. Dann hakte ich mal nach, denn zum Schweigen hatte ich nicht gerade nach ihm Ausschau gehalten. „Weshalb nennt man Sie Cheetah?"

„Fragen Sie die anderen. Was weiß ich! Schauen Sie mal", er reckte sich mir entgegen: „Vielleicht weil ich so einen breiten Mund habe?" Dann drehte er seinen Kopf zur Seite: „Oder weil ich so große Ohren habe?" Er zuckte gedehnt mit den Schultern und sah mich ratlos an. „Oder, weil ich Verhaltens-biologe bin? Keine Ahnung."

„Was hat Verhaltensbiologie mit Cheetah zu tun? Also – was denken Sie?"

„Ach, lassen Sie uns über etwas anderes reden, wenn Sie zum reden gekommen sind. Was weiß denn ich! – Na, vielleicht setzen sie Verhaltensbiologie einfach mit dem Studium von Affenhorden gleich. Aber… Affen studiere ich nur in meiner Freizeit." Er grinste breit.

Ich legte den Kopf schief und grinste unverständig.

„Nun ja, die M e n s c h e n meine ich. Ich bin froh, dass ich in meiner Arbeit nicht am Menschen forschen muss." Er tippte sich mit dem rechten Zeigefinger an die Stirn und grinste mich in der Tat so breit an wie Cheetah: „Sie verstehen?"

Ich lachte. „Ja, ich verstehe! – Kommen Sie, es ist kalt. Setzen wir uns rein? An die Bar?"

„An die Bar? Und dann versenken?"

„Nein. Nicht versenken. Aber ich will Ihnen da nichts vor-schreiben… Also, ich bevorzuge ein Tonic Water. Was ist mit Ihnen?"

Erleichtert lachte er und kam dann mit: „Gut. Nehm' ich auch!"

Das Johlen und Lachen aus dem Saal drang zur Bar herüber. Wir hielten uns eine Zeit lang wortlos an unseren Gläsern fest und waren froh um die Wärme…

„Sagen Sie mal, Walter: Weshalb sind Sie eigentlich eben wie von der Tarantel gestochen aus dem Saal…?"

„Und weshalb sitzen S i e jetzt hier?" spielte er den Ball spontan zurück an mich.

„Naja, ich fand diesen Abklatsch einer Travestie-Nummer reichlich deplaziert. Und wenig lustig. Und da Sie schon weg waren, hatte ich nun die glückliche Aussicht, vor der Tür nicht allein zu sein."

„Sehen Sie? Und ich fand es sogar so… deplaziert… dass ich auch gern allein geblieben wäre…"

„Eh… 'tschuldigung", stammelte ich und sah Walter verdutzt

an: „Ich kann auch wieder gehen, wenn Sie lieber allein sind."

„Ne, neeh. Jetzt sind Sie ja glücklich hier. Ich wollte nur sagen: Mich hat es vielleicht noch ein bisschen mehr angewidert als Sie", stellte Walter schnell richtig. Er starrte einen Moment verschwiegen vor sich hin. Und wenn ich nicht wüsste, dass er schon am Tisch nur der Höflichkeit halber mit Wein angestoßen, sich aber ansonsten nur an Wasser gehalten hatte, dann hätte ich nun vermutet, dass er den Kanal ziemlich voll hatte. „Also, keine Ahnung, wie Sie heißen… Aber das ist auch gut so: Dem Herrn Anonym erzählt es sich leichter… und da Sie danach gefragt haben… Es erleichtert trotzdem. Wäre nur ganz nett… ach, nee, Sie leben ja mit ihr zusammen. Da sollte man auch keine Geheimnisse voreinander haben. Also, egal. Aber… naja, nett wäre es schon, wenn Sie mit Sabrina n i c h t darüber reden. Schließlich ist sie meine Vorgesetzte…"

„Walter, ich teile nur m e i n Leben mit ihr – nicht das Leben anderer! Mh?!"

„Gut, gut. – Also, meinen Vater kannte ich fast nur als Wochenendpapa. Und selbst das nicht regelmäßig. Wir lebten gut davon, aber hatten eben auch nicht viel von der Vaterfigur. Umso mehr litt ich unter der Kühle und der Ferne meiner Mutter. Denn die war ja theoretisch immer daheim. Praktisch aber widmete sie sich mehr ihren Hobbies. Und auch war sie nicht eben eine liebe Knubbelmutter. Also, i c h zumindest bin mit ihrer Distanziertheit nicht gut klar gekommen. Mein Bruder… ach, ich glaube, bei meinem jüngeren Bruder war das sowieso ganz anders. Den hatte sie ständig auf dem Arm, als er klein war. Den hatte sie kaum im Kinderwagen und hemmungslos herum geschleppt. Den hat sie, als er noch kleiner war, zu all ihren Freizeitertüchtigungen mitgenommen. Und auch später hatte sie mehr Zeit für ihn, mehr Fragen an ihn, mehr Ohr für ihn, mehr Fürsorge… Wissen Sie, als ich fünfzehn war, da kam mir endlich mal der Verdacht, dass mein jüngerer Bruder ein Kuckucksei des Reitstallbesitzers ist, bei dem sie noch heute ihr Pferd stehen hat. Da habe ich nämlich dessen Bruder gesehen – und ich dachte, es haut mich um: Wie aus dem Gesicht geschnitten… Meinen Sie, ich hätte das meinem Vater stecken sollen?"

Er schaute mich fragend an. Er meinte diese Frage tatsächlich ernst. Und so stand die Frage einen Moment lang unbeantwortet zwischen uns. „Ach", unterbrach er dann meine Gedanken, „lassen wir das: Alles nur Spekulation!

Nun gut, was ich sagen wollte: Wenn meine Mutter weg war, dann habe ich häufig ihre Kleidung getragen. Als Kind klapperte ich in ihren großen Hackenschuhen durch die Wohnung oder testete ihre Röcke. Womit meine Mutter Knie zeigte, damit simulierte ich einen eleganten Abendrock… und so. Aber als ich Jugendlicher war und ihre Größe, oder besser gesagt, ihre Weite erreicht hatte – denn wenn sie mir in die Augen sah, dann bekam sie längst Nackenstarre, dieses kleine Püppchen – da zog ich klammheimlich all ihre Unterwäsche an. Ich probierte wirklich alles aus, was Schubladen und Kleiderschrank hergaben. – Ich fühlte mich ihr dann irgendwie näher…

Klingt verrückt, nicht wahr?" Er sah mich an und erwartete vielleicht eine Antwort. Und dann: „Ach, was: verrückt… Bescheuert ist das, nicht wahr?"

Ich teilte sein Grinsen nicht, das er auch nur aus Verlegenheit trug. Ich fragte mich bloß, weshalb er ausgerechnet m i r das erzählte. Aber nun, ich war schon so manches Mal der Kummerkasten… Mit ernster Miene antwortete ich: „Nein. Weder bescheuert, noch verrückt. – Und nun… wollen Sie mir weiß machen, das seien Jugendverrücktheiten gewesen? Buch zu? Das war gestern?"

Er schnaubte. Sein Grinsen sackte zusammen wie ein Luftballon, der Bekanntschaft mit einer Stecknadel gemacht hatte. Peng. Von einem auf den anderen Moment starrte er wieder so entrückt… Hatte der wirklich nichts getrunken?

„Und heute? Meine Frau toleriert es. Mehr nicht. Sie akzeptiert es nicht. Sie kann nichts damit anfangen, wenn mir danach ist, Damenwäsche zu tragen. – Anfangs, als wir uns kennen lernten, da war alles so rosarot und glückerfüllt. Wir hatten viel Zeit füreinander und auch viel Spaß miteinander. Aber irgendwann beginnt man dann, das Leben zu planen… Naja, sie wissen schon, was ich meine…" Er suchte nach Resonanz.

„Ja, ich verstehe, was Sie meinen. Aber… Ich habe keine eigenen Kinder. Falls Sie d a s meinen…"

Er grinste. „Müssten Sie eigene Kinder haben, um mich verstehen zu können?" Er hob die rechte Hand und fuchtelte mit dem Zeigefinger in meiner Richtung: „Sie haben diesen… Blick… Sie bohren den Menschen in die Augen, Sie schauen sie nicht an. Und Sie lesen den Menschen auf den Lippen Lebensgeschichten ab, wenn die glauben, Ihnen bloß eine Anekdote zum Lachen zu erzählen. Ich glaube schon, dass Sie mich verstehen!

Also, irgendwann entstanden dann natürlich aus der Lebensplanung auch Kinder… Und damit bleibt vieles auf der Strecke, für das Mann eine Frau und eine Frau ihren Mann gefunden hat. Ich meine: Nicht nur sexuell, auch so rein menschlich gehen Nähe und Vertrautheit schnell an der Betriebsamkeit einer Familie zugrunde, wenn man – und Frau – nicht sehr bewusst und sehr intensiv daran arbeiten…

Heute gehe ich bisweilen in gewisse Etablissements und lebe meine Neigungen aus. Ich verdiene nicht schlecht – es reißt wirklich keine Löcher in unsere Haushaltskasse. Und so toleriert meine Frau es und vertraut mir, dass ich mit keiner anderen Frau schlafe, sondern dass es wirklich das ist, was ich ihr gelegentlich davon erzähle. Aber besonders neugierig ist sie nicht – sie kann eben nichts damit anfangen."

Er schwieg einen Moment, während sein Blick gegenüber der Bar die Ferne suchte. „Verstehen Sie: Ich hasse es, ich verabscheue es, wenn Menschen sich über die Neigungen anderer lustig machen. Und auch noch mit einer so billigen Nummer… Verstehen Sie? Genau so, wie ich es hasse, wenn sie mich ‚Cheetah' nennen. Aber ich lasse ihnen ihren Spaß, denn damit kann ich ihnen den Spaß daran wenigstens am besten verderben… den Spaß an ihrer eigenen Dummheit…"

Ich nickte stumm, während ich ihn ansah. Aber gut: Er war davon überzeugt, dass ich in ihn nicht ansah, sondern in ihn hinein… „Gut", sagte ich. Und wollte gerade ansetzen, auf ihn einzugehen, da schnitt er mir das Wort auch schon wieder ab: „Nein, nicht ‚gut'. Weder gut noch schlecht. Es ist so. Das ist alles. Sie wollen doch jetzt nicht bewerten, beurteilen? Das passt nicht zu Ihnen. Oder ich hätte mich doch gewaltig in Ihnen getäuscht!"

„Nein, ich wollte nichts beurteilen. Ich finde gut, dass sie es ausleben. Und ich finde es schade, dass ihre Frau damit so gar nichts anfangen kann. Denn so sind sie wieder da, wo Sie einmal waren: Sie sind wieder allein…"

„Wissen Sie was: Wenn wir uns einmal wiedersehen, dann will ich Ihren Vornamen kennen lernen. Sind Sie verheiratet? Dann kenne ich ja zumindest Ihren Nachnamen…"

„Wir heiraten bald. Und Sabrina will meinen Namen annehmen. D a n n wissen Sie, wie ich heiße", sagte ich verschmitzt und grinste ihn an.

„Gut. Sehr gut. Bleiben Sie mir für heute ein Namenloser. Ich glaube, dann verdaue ich es leichter, dass ich einem Wildfremden gegenüber so vertraulich geworden bin…"

„Was war denn mit Walter?" fragte Sabrina, als wir wieder zu Hause waren.

„Ach. Ihm missfiel dieses Programm da. Diese bescheuerte Travestie-Nummer. Gefiel mir übrigens auch nicht. Ich war froh, ihn draußen zu finden und ein wenig mit ihm reden zu können."

„Ah? Was hatte er denn so zu reden? Er kennt Dich doch eigentlich gar nicht."

„Vielleicht gerade deshalb?!"

„Was soll das heißen?"

„Das soll heißen: Ich möchte nicht, dass Du mich dazu mit Fragen bombardierst. Er hat m i r einige Dinge erzählt. Und wenn er sie D i r erzählen will, dann kann er das ja tun. Aber i c h erzähle sie Dir nicht. Außerdem bist Du seine Vorgesetzte! Da wäre das ja besonders unfair…"

„Ach? Hatte er etwas zu klagen über mich?" Sie nickte wissend mit dem Kopf. Ihr Blick schweifte in die Ferne.

„Nein. Das genau nicht. – Im Gegenteil: Er hob es als positiv hervor, dass Du ihn nicht bei seinem Spitznamen ansprichst, und dass Du auch andere anspornst, ihn einfach mit seinem

Vornamen anzusprechen. – Im Übrigen war es wirklich rein privat. Und damit lass es nun gut sein, verdammt noch mal. Wenn wir über Dich gesprochen hätten, dann würde ich schon die Themen anschneiden, die im Unargen lägen. Aber dann merktest Du nicht, von w e m ich da w a s gehört habe, nicht wahr?"

„Ja, ja… Ach, Scheiße. Ja, Du und Deine Distanz zu allem und jedem. Ich kenne Dich dafür, ich schätze Dich dafür – und stolpere doch immer wieder darüber.

Mal etwas ganz anderes: Wir müssten innerhalb des Projektes unsere Jahresurlaube planen…" Wir sprachen also endlich über etwas anderes und nicht mehr über diesen Walter.

Nur nicht der Richtige?

„Ich lebte noch lange allein in der Wohnung, die ich gemeinsam mit Heike bewohnt hatte. Nicht, dass es mir besonders gut getan hätte. Aber es brachte mich meinem Drang nach meinen wirklich eigenen vier Wänden näher. Also sparte ich einen Umzug ein, bevor ich mir eine Eigentumswohnung kaufte", erzählte Sabrina. „Die ehemaligen Eigentümer der Wohnung hatten mich dann am Ende ziemlich hängen lassen. Deren Auszug verzögerte sich schließlich so gewaltig, dass ich heftig unter Druck geriet. Ich kann nicht sagen, ob sie das selbst verschuldet hatten. Aber dass mir dann nur noch anderthalb Wochen zur Renovierung blieben, statt der geplanten sechs, dafür einigten wir uns auf eine hilfreiche Abstandssumme. Ich konnte mir nur noch irgendwie Hilfe heuern – und versuchen, selbst ganz kurzfristig Urlaub in diese Zeit zu legen. Denn ich musste meinerseits gnadenlos aus meiner Mietwohnung raus: Mein Vertrag lief aus." So lernte Sabrina eine Sekretärin in der eigenen Firma ebenso etwas näher kennen wie auch deren Tochter…

Ich dachte laut nach, während ich heillos hilflos in meinem Terminkalender herumblätterte. Ich bekam unsere Projekttermine mit dieser verdammten Wohnungsrenovierung einfach nicht in Einklang. Helga – also, damals noch Frau Schnather – sah zu mir auf und fragte: „Entschuldigen Sie, wenn ich mich einmische…"
Sie riss mich aus meinen Gedanken: „Was? Worin einmischen?"
„In Ihre Terminplanung", sagte sie unverblümt. „Vielleicht könnte ich Ihnen helfen."
Ich staunte nicht schlecht: „Wie… könnten Sie mir helfen?"
„Nun, nicht ich", korrigierte sie sich, „aber meine Tochter vielleicht."
„Inwiefern Ihre Tochter?"
„Naja, wenn ich das richtig mitbekommen habe, dann müssten Sie in einer Woche eine komplette Wohnung renoviert bekommen…"
„Und wie kommen Sie dabei auf Ihre Tochter? Macht sie so et-

was beruflich, oder wie?" Mich erfüllte mehr Skepsis als stürmi-
sche Begeisterung. Ich kannte bisher nichts über diese Sekretärin
außer ihres Names… und noch weniger über ihre Tochter. Aber
da ich doch gewaltig unter Druck stand, wollte ich mich keiner
Idee verschließen.

„Also…" stammelte sie. Und fragte dann forsch heraus: „Ist das
so wichtig?"

„Nun ja: Ich wüsste schon gern, weshalb Sie der Meinung sind,
dass Ihre Tochter meine Wohnung innerhalb einer Woche reno-
vieren könnte." Genauer gesagt fragte ich mich, wie ich die ganze
Abwicklung optimal würde organisieren können – in der Kürze
der Zeit. Ich war drauf und dran, einen Maler anzuheuern…

„Sie ist Bildhauerin, kann also naturgemäß – also: so von Berufs
wegen – gut zupacken, ist zur Zeit arbeitslos, hat keine Auf-
tragsarbeiten, um wenigstens als Künstlerin zu schaffen… Eine
Wohnungsrenovierung ist nicht der Traum eines jeden Künstlers.
Aber sie wird wohl nichts dagegen haben, sich etwas Geld zu
verdienen. Also: Ich könnte sie ja zumindest mal fragen – wenn
Sie nichts dagegen haben."

Ich war ziemlich perplex. ,Eine Bildhauerin?' dachte ich bei mir.

„Okay? Wann wissen Sie mehr?"

„Jetzt? Gleich? Wenn Sie zwei Minuten Zeit haben?" Helga
kramte in ihrer Handtasche, holte ihr Handy hervor und rief
sogleich ihre Tochter an.

„Helene? Deine Mutter hier. – Lass es mich kurz machen: Ich
hätte ein wenig Arbeit für Dich. Leider nichts Künstlerisches,
aber…" und so fort. Nach vier, fünf, sechs, sieben Sätzen reichte
sie mir ihr Handy. Ich verabrede mich mit ihrer Tochter noch für
denselben Abend.

Mit deutlicher Verspätung schlug des Abends bei mir in der neu-
en Wohnung eine Frau auf, die meine Erwartungen in verschie-
denen Punkten keineswegs erfüllte. Sie schien mir ein bisschen
zu zierlich gebaut, um sie mir beim Steinmetzen vorzustellen. Die
also sollte nun im Eiltempo meine Wohnung einzugsfertig reno-
vieren? Und hoffentlich war ihre schlampige Kleidung nicht auch
Ausdruck für ihre Arbeitsweise. Als sie mir die Hand gab, wurde

ich durch ihren festen, eher harten Händedruck eines Besseren belehrt…
Sie streckte mir die Hand entgegen und offerierte: „Helene.
– Meinen Nachnamen kennen Sie ja. Aber… ‚Helene‘ reicht!"

Als wir uns einig geworden waren, versuchte ich einige persönliche Worte zu wechseln. Irgendwie war mir unwohl dabei, einer wildfremden Person die Wohnungsschlüssel überlassen zu müssen, während ich nicht da war. Also wollte ich wenigstens ein loses persönliches Verhältnis aufbauen. Dabei hätte es in jedem Fall gereicht, dass ihre Mutter sich mir verpflichtet fühlen würde…
„Sind Sie allein?" fragte ich Helene. Obgleich ich es doch von ihrer Mutter längst wusste. Ich korrigierte mich dann lieber, weil es wohl unglaubwürdig gewirkt hätte: „Ach, ja – Ihre Mutter erwähnte so etwas…"
„Ja. Ich bin allein. Weshalb fragen Sie?" Helene schaute mich skeptisch an. Vielleicht prüfte sie gerade, ob ihr Gefühl, dass ich mich da in unangemessener Weise in ihr Privatleben einmischte, berechtigt war.
„Nur so. Das ist nicht gerade leicht… als alleinerziehende Mutter?!" Eigentlich wollte ich nichts weiter, als die strenge Kühle und die abwartende Distanz, die hier quasi zwischen ‚Auftraggeberin‘ und ‚Auftragnehmerin‘ herrschte, ein wenig aufbrechen.
Vielsagend zog sie die Brauen hoch… und bot mir eine etwas unklare Mischung aus gezwungenem Lächeln und lockerem Grinsen: „Das ist aber wohl besser, als eine Ehe zu führen, die nur zerstritten ist. Und die den Kindern nichts anderes vorlebt, als Zerstrittenheit."
‚Verdammt!‘ schoss es mir durch den Kopf. Ich fühlte mich ertappt – und vermeinte, unwillkürlich für den Bruchteil einer Sekunde zurückgezuckt zu sein. Es war, als hätte sie einen Blick in meine Kindheit geworfen. Es war, als hätte sie mir sagen wollen: ‚Gerade D u musst es doch besser wissen!‘ … aber dann sagte ich mir schnell, dass sie nichts über mich wusste, wirklich gar nichts: ‚Sie meinte mich nicht!‘ so sagte ich mir. Helene hatte nichts gesehen von meinem kurzen, inneren Kampf. Gedanken

verloren hatte sie bereits zum Fenster hingeschaut und die Ferne gesucht, um mir nicht in die Augen sehen zu müssen, als sie – ohne Details von sich Preis zu geben – einen Allgemeinplatz aussprach, der nur deshalb ganz deutlich persönlich gewesen war, weil sie mich dabei nicht ansehen mochte. Ich fand Ruhe in der Gewissheit, dass Helene nichts über mich wusste und ich es also ganz selbst bestimmen könnte, wieviel Zutritt sie zu meinen Geheimnissen erlangen sollte.

Ich versuchte das Gespräch zurück zu bringen auf die unverbindliche Ebene der allgemeinen Anteilnahme und einer persönlich erscheinenden Nähe: „Ich meine: Haben Sie denn mal jemanden, der Sie ein wenig unterstützen kann… mit dem Kind. Ihre Mutter hat ja wohl auch nicht so viel Zeit, um Sie groß zu entlasten. – So wie ich das mitbekomme…"

Aber Helene ging darauf gar nicht ein. Das Schweigen zwischen uns ließ sich nur stören durch das Knirschen unserer Schuhsohlen auf schmutzigem Estrich. Draußen war Kinderlachen zu hören, dass plötzlich vom grellen Motorengeräusch eines vorbeibrausenden, getunten Autos aufgefressen wurde.

Helene drehte sich zu mir um und sah mich mit müdem Blick an, der auch traurig sein konnte: „Wissen Sie, ich ertrage die Nähe von Männern nicht. Ich bin lieber allein. – Aber meine Mutter sagt immer: Dann war auch noch nicht der Richtige dabei!" Sie zuckte mit der Schulter.

„Was?!" stammelte ich und sah mich auf einen holprigen Pfad geführt, auf den ich mit meinem Schuhwerk nun so gar nicht vorbereitet war. Aber ich beschloss schnell, das ganz sachlich anzugehen: „Und? Klingt das für Sie so unvernünftig?"

„Weiß nicht…" Sie zuckte wieder mit der Schulter. „Vielleicht hat sie Recht. Vielleicht ist es auch nur die Hoffnung, die sie für sich selbst hoch hält. Aber ich weiß nicht, ob man das so verallgemeinern kann. – Ich will mich damit jetzt nicht aufplustern, aber… sie hatte keinen Vater so erlebt wie ich!" Sie schaute ins Leere. Ich wartete. Es kam nichts mehr.

Ein stummer Schrei

Am dritten Abend, als ich nach der Arbeit in meiner Wohnung nach dem Verlauf der Renovierungsarbeiten schaute, war Helene noch da.

Ich betrat den Wohnungsflur, den sie nun komplett fertig bekommen hatte. Ich drehte mich um und schaute auf die Wand der Eingangstüre… auf der sich eine höchst interessante Musterung um die Türe herum befand: Zu beiden Seiten der Türe und bis zur Decke hinauf verliefen Muster, die auf höchst interessante Weise eine Mischung aus… Ornament und… frei improvisierten organischen Formen waren. Es war nur in hellgrau und hellbraun gehalten. Also ganz unaufdringlich.

„Wenn es Ihnen nicht gefällt: In zwei Mal fünfzehn Minuten habe ich das wieder blütenweiß", vernahm ich plötzlich hinter mir Helenes Stimme − nicht frei von Verunsicherung. − In der Tat: B e s t e l l t hatte ich das nicht.

„Nein, nein, Helene! Lassen Sie nur. Überrascht bin ich nur etwas. Aber lassen Sie mich mal darüber schlafen. Wenn es mir morgen abend dann noch genauso gut gefällt, dann bekommen Sie einen Künstlerbonus dafür." Ich drehte mich zu ihr um. „Und? Sonst?" lachte ich Helene an und erkundigte mich so nach dem Stand der Renovierung.

„Das Wohnzimmer ist auch schon komplett fertig! Bei den anderen Zimmern bin ich noch dabei… Ich mache gerade nur noch die Werkzeuge sauber…" Statt sich dann aber weiter um das Werkzeug zu kümmern, fing sie an, von ihrer Kunst zu erzählen. An sich hatte ich keine Zeit, mir nun längere Geschichten und Anekdoten aus ihrem Leben oder aus der Kunstszene anzuhören. Aber aus Höflichkeit schnitt ich ihr das Wort nicht ab. Und dann…

„… und dann habe ich jetzt meinen Anwalt ein Schreiben an das Museum aufsetzen lassen. Mal sehen, ob sie darauf schon eingehen. Sonst müsste ich vor Gericht.. Und das kann ich mir eigentlich gar nicht erlauben."

Ich staunte nicht schlecht, dass diese unbekannte Künstlerin sich mit einem bekannten Museum anlegen wollte. „Worum geht es denn dabei?" – Ich fragte mehr aus Höflichkeit...

„Die haben mir meine jüngsten Skulpturen aus wertvollem Wurzelholz kaputt gemacht. Unmöglich. Und der Direktor selbst muss wohl noch mit Hand angelegt haben!"

Ich schaute sie ungläubig an: „Was ist das für eine Geschichte?"

„Naja, ich hatte dort eine Ausstellung. Für eine Woche. Und – zugegeben... ich wollte eigentlich dann noch ein Wochenende schinden... An den Wochenenden sind mehr Besucher da. Und irgendwie muss man sich ja mal zeigen." Mein mittlerweile etwas genervter Blick erschien ihr wie ein interessiertes Fragezeichen. „Also, ich kenne jemanden bei der Stadt. Und der hat dann für mich mal ein gutes Wort eingelegt, so dass ich dort für eine Woche ausstellen konnte. Und weil ich die Sachen dann nicht wie vereinbart am Freitag Abend abgeholt hatte, sondern liegen gelassen hatte, da haben die vom Museum wohl an dem Sonntag mittag meine Sachen in einen unklimatisierten und überheizten Raum gelegt, weil sie angeblich den Ausstellungsraum für andere Zwecke brauchten. – Und nun sind die Arbeiten total hin. Das Holz ist vollkommen rissig geworden. Unglaublich."

Ich nahm nun die schmutzigen Malerwerkzeuge selbst in die Hand und fing an, aufzuräumen und zu reinigen. Denn sie machte keine Anstalten mehr, noch irgendetwas anderes zu tun als zu erzählen. „Hören Sie, fassen Sie mal schnell mit an... Ich fahre Sie dann noch nach Hause!" Ich sah keine andere Möglichkeit, sie irgendwie noch zur Arbeit zu motivieren. Und mir lief gnadenlos die Zeit davon.

„Oh, dann fahren Sie mich doch zu meinem Atelier! Ich habe dort noch zu arbeiten. Und ich kann dann dort auch schlafen."

J e t z t noch im Atelier arbeiten?' dachte ich bei mir. „Sie kommen aber morgen wieder und machen hier weiter?" fragte ich sie.

„Ja, ja. Natürlich. Das hatten wir ja so besprochen. Das muss ja schnell fertig werden hier!"

Als ich sie einfach absetzen wollte, da verstand ich, weshalb ich sie in ihrem Atelier absetzen sollte. Ungeduldig forderte sie mich auf, doch noch mal eben kurz mit hinein zu gehen und mir die fraglichen Skulpturen anzusehen. Sie wollte wohl tatsächlich gar

nicht mehr arbeiten – wie ich es schon befürchtet hatte…
Nun gut, noch ein paar Minuten…

Sie zeigte mir die fraglichen Skulpturen. Sieben faszinierende Werke, wunderschön in der Ausarbeitung, sehr eindrucksvoll im Ausdruck. Lebensgroße Skulpturen menschlicher Körper waren das, die sie da in hohem Abstraktionsgrade in Wurzelholz erschaffen hatte. Und jede Figur war auf so ganz selbstverständliche Weise dem natürlichen Wuchs der Wurzeln unterworfen, dass man meinen mochte, sie hätte bewusst diese Wurzeln für genau diese Figuren ausgegraben… Die Rissigkeit des Materials unterstrich geradezu perfekt die Aussagen der Werke, wie ich fand.

Eine jede Figur überzeugte durch den grenzenlos offenen Ausdruck eines subtilen Schmerzes, den sie in Körperhaltung und Gesichtsausdruck austrahlten. Unter einem abstrakten Schmerz wanden und quälten sich Namenslose… Gesichtslose, denen trotz aller Reduzierung auf Andeutungen von Gesicht das Leiden auf eine so überzeugende Weise ins Gesicht geschrieben war, dass ich nur vermuten konnte: Die Hand, die hier geschaffen hatte, hatte einen tiefen inneren Schmerz auch selbst kennen gelernt.

Am stärksten beeindruckte mich die Figur eines Mädchens oder einer jungen Frau, zu der mir sogleich die ‚Sahel-Zone' durch den Kopf schoss… aber wahrscheinlich, im Zusammenhang dieser Skulpturenreihe, war es das Abbild einer Magersüchtigen. So krass, so schonungslos in der Darstellung eines nur noch mit dünner Haut überwachsenen Knochengerüstes. So unverblümt im Ausdruck des Klagens… mit offenem Mund, unter endlos tiefen Augenhöhlen, nur noch erstarrt und stumm, aus hohlen Wangen heraus. Nur geklagt – nicht einmal mehr anklagend. Nur flehend – um ein Ohr, das hört? Nicht mehr bettelnd – um eine Hand, die geborgen hält? – um eine Hand, die hält was sie verspricht? Ein breiter Riss, der sich vom Schritt dieses Mädchens bis hinauf in die Brust zog, war wie ungeplant und doch genau getroffen, um den Ausdruck dieser ohnehin so schweigsamen und ohnehin a l l e s sagenden Skulptur noch einmal zu unterstreichen…

„Sind sie das?" fragte ich.

„Ja. Das sind sie. Und schauen Sie sich diese furchtbaren Risse an!" stimmte sie wieder ihre Klage an. Es erschien mir wenig glaubwürdig.

Erstens fand ich hier auch keineswegs ideale Lagerungsbedingungen vor. Von Klimatisierung keine Spur. Welchen Vorwurf wollte sie den Museumsleuten machen? Und zweitens passte die Rissigkeit des Wurzelholzes, die ich als natürlich und als bewusst in Kauf genommen ausgelegt hätte, so perfekt zu diesen Skulpturen, dass ich die ganze Geschichte überhaupt nicht glauben konnte.

„Sagen Sie: Haben Sie hier mehr Licht?" drängte ich, denn es war recht schummerig und Details konnte ich gar nicht hinreichend sehen, um mir ein Urteil über derlei Detailfragen erlauben zu können. „Nein... eh... w... warten Sie", wurde sie unsicher, „ich reiche Ihnen eine Taschenlampe!"

Wenigstens waren die Batterien frisch und die Taschenlampe somit hell. Ich muss gestehen, dass mich die Skulpturen einschließlich der starken Rissigkeit noch mehr faszinierten.

„Sehen Sie? Diese furchtbaren Risse?"

Nun hatte ich genug von ihrem Theater: „Nein. Tut mir Leid – sehe ich nicht!"

„Aber... Schauen Sie doch. Das... müssen Sie doch sehen..."

Sie war irritiert und verunsichert. Nein: Sie s p i e l t e irritiert, sie w a r verunsichert.

„Hören Sie, ich finde, dass die Rissigkeit des Materials die Aussage Ihrer Skulpturen hervorragend unterstützt. Gerade der altersmäßige Verfall des Werkstoffs unterstreicht die Aussagekraft dieser Skulpturen", sagte ich nüchtern. Mit weit aufgerissenen Augen sah sie mich sprachlos an. „Und wann soll das passiert sein?" hakte ich nach.

„Ja, jetzt, vor drei Wochen..."

Ich bückte mich hinunter und sah mir im hellen Taschenlampenlicht einige der Risse genau an.

Und dann stand ich auf, reichte ihr die Taschenlampe und sagte: „Hören Sie, auch wenn Sie finanziell unter Druck stehen, aber das sollten Sie nicht tun. Sie schaden sich damit nur selbst! Diese Risse sind nicht neu. Sie arbeiten sicherlich viel mit Holz und kennen daher mehr über Ihren Werkstoff als ich – aber d i e s e Risse sind nicht neu!" Ich sah sie streng an, ohne jeden Ansatz von Freundlichkeit. Sie schwieg. So schwiegen wir uns nun einen Moment an, während wir dicht voreinander standen.

Irgendwann bewegte Helene die Lippen, so als fühlte sie sich verpflichtet, etwas zu sagen. Aber sie fand ohnehin keine Worte. Verzweiflung bemächtigte sich ihres Gesichtsausdrucks. Ich fasste Helene von beiden Seiten mit den Händen an ihre herunterhängenden Arme und schlug damit etwas unbeholfen eine wacklige Brücke der menschlichen Nähe zwischen zwei Fremden: „Helene!" beschwor ich sie, „preisen Sie Ihre Kunst überzeugend an!" – Helene sah mich hilflos an. Sie schüttelte nicht mit dem Kopf… sie schwenkte den Kopf nur kraftlos hin und her. Es war für mich nicht schwer zu erahnen, was sie plagte: Helga hatte es mir gegenüber nur angedeutet, dass ihre Tochter mit ihrer Kunst nicht Fuß zu fassen schaffte. Sie schlug sich leidlich durch mit Gelegenheitsarbeiten.

„Helene! G l a u b e n Sie an Ihre Kunst. Reden Sie ihre Kunst nicht selbst kaputt, um wenigstens Almosen zu bekommen!" Vieles mehr noch ging mir durch den Kopf, mit dem ich nun hätte versuchen können, diese heillos erfolglose Künstlerin zu motivieren. Diese Künstlerin, die nicht nur mit Geduld und handwerklicher Akribie geradezu perfekt Figuren modulierte, sondern die starres Material zum Sprechen zu bringen schien.

Helene sah mich, noch immer stumm, mit geröteten Augen an, die allmählich immer mehr Glanz annahmen. Genau dafür hatte ich nun gar keine Zeit. Ich verabschiedete mich abrupt: „Nun, ich muss dann jetzt aber wirklich… Wir sehen uns morgen abend wieder?"

Während der Himmel, den ganzen Tag unentschlossen wolkenverhangen, endlich zaghaft zu weinen begonnen hatte, fuhr ich nun nach Hause… und wurde Helenes Augen nicht mehr los in meinem Kopf. Mich drängte nicht nur die Zeit. Mich drängte nicht nur mein Umzug. In Wahrheit drängte mich auch von Helene fort, was zugleich an ihren Kunstwerken faszinierend und anziehend war. Helenes Kunst hatte Gefühle in mir angerührt, die ich nicht wecken wollte.

Als ich am nächsten Abend in die Wohnung kam, war Helene wiederum noch in der Wohnung. Sogleich, als ich die Wohnung betrat, bemerkte ich, dass sie ihre Ornamente um die Eingangstüre herum weiß übermalt hatte. Nichts war davon mehr zu sehen. Wirklich gar nichts. Dabei hatte ich doch mit keinem Wort erwähnt, dass ich es nicht mochte… Im Gegenteil…

Ich sagte nichts dazu. Ich tat so, als sei nichts geschehen und erwähnte ihre ornamentale Wandkunst auch später einfach mit keinem Wort.

Es erinnerte mich an einen kleinen Jungen, zu dem mein Vater flüchtigen Kontakt hatte, als ich dreizehn oder vierzehn Jahre alt gewesen sein muss…

Ein Kind im Niemandsland

„Das ist eine Gegenreaktion auf die menschliche Nähe! So etwas kennt er nicht!" Meine Mutter sagte es.

Hätte mein Vater es gesagt, dann hätte ich ihn wahrscheinlich dafür gehasst. Gehasst für dieses Verständnis, mit dem er auf das fremde Kind einzugehen wusste, das unter väterlicher Gewalt litt. Und gehasst, dass er sich gleichzeitig gar nichts dabei zu denken schien, dass er seine eigenen Kinder schlug – ob nun hemmungslos oder nur enthemmt durch den Wahn, der ihn in seinen Tobsuchtsanfällen antrieb.

Er pflichtete meiner Mutter zwar bei, aber nun konnte er nicht mehr die Urheberschaft für diese Erkenntnisse für sich in Anspruch nehmen. Er zeigte dasselbe Verständnis für diesen armen kleinen Burschen, wie meine Mutter. Natürlich ärgerte er sich, dass er viel Wasser, viel Zeit und viel Mühe darauf verschwenden musste, die Mauer wieder sauber zu bekommen. Aber er hatte… Verständnis!

Für dieses gestohlene Verständnis hasste ich ihn kaum weniger.

Der Bursche, so wussten meine Eltern vom Hörensagen, bekam von seinem Vater die Peitsche zu spüren. Eine Peitsche! Eine richtige Peitsche! Man hatte Mitleid mit dem armen Jungen.

So ganz selbstverständlich sprachen meine Eltern darüber. So, in der Tischrunde, gemeinsam mit uns Kindern. Sie sprachen darüber mit derselben Selbstverständlichkeit, wie auch über alle anderen Themen am Tisch gesprochen wurde – über Schule, über die Arbeit, über die Kirche, über Politik, über den Krieg, über die Kindheit und Jugend meiner Eltern…

… Dieser Bursche hatte meinen Vater eines Tages aus einigem Abstand beobachtet. Allmählich war er näher und näher gekommen und war schüchtern um meinen Vater herumgeschlichen. Mein Vater hatte ihn flüchtig angesprochen, während er weiter arbeitete. Ich weiß nicht, was er machte – er schleppte irgendwelche Steine für unsere Einfahrt oder schob Schotter oder Sand für die Garageneinfahr hin und her oder sonst etwas. Keine Ahnung.

Jedenfalls griff sich der kleine Bursche plötzlich Steine und schleppte mit. Er schaute es meinem Vater ab, er schaute ihm die Handgriffe einfach ab und tat mit. Ein Bursche von fünf Jahren. Natürlich war er nicht wirklich produktiv. Aber er schaffte mit. Irgendwann verkündete mein Vater, er müsse mal Pause machen. Wahrscheinlich ein Vorwand, um mit dem Jungen zu sprechen. „Na? Verrätst Du mir Deinen Namen?" „Rudolf", druckste der kleine Knabe wortkarg hervor.

Die Fragen meines Vaters schienen ihm irgendwie lästig, oder… unangenehm zu sein. Ja, er machte das gern. Nein, es war nicht zu schwer. Er wohne ‚da vorn' – begleitet von einer hastigen Handbewegung Und er hatte Gegenfragen: Wie heißt denn D u ? Warum machst Du das? Bist Du Maurer? – Nein, war mein Vater nicht. Aber Eigenleistung machte das Haus überhaupt erschwinglich für meine Eltern. –

Der Abend beendete den Tag und die Feierabendarbeit. Und mein Vater hockte sich zu dem kleinen Jungen hin und sagte: „He, Du! Wartest Du mal einen Moment? Ich komme gleich wieder – ich habe etwas für Dich!" Mein Vater brachte ihm eine Tafel Schokolade. „Kommst Du morgen wieder? Hilfst Du mir morgen auch wieder?"

Der kleine Junge lebte schräg gegenüber in den großen Mehrfamilienhäusern. Seine Familie lebte in einer Sozialwohnung. Wir wussten eigentlich nichts über diese Leute. Von dem Vater habe ich so ein flüchtiges Bild im Kopf: Eine weite, kurze Hose, die eigentlich wegen des Bierbauchs viel zu groß war. So schlabberten große Mengen Stoff um dünne, drahtige, borstige Beine herum. Den Oberkörper bekleidet mit einem ausgeleierten Doppelripp-Unterhemd, das die Brust behaart zeigte. Unrasierter Kopf über Doppelkinn. Schütteres Haar. So zeigte sich der Mann auf der Straße – w e n n er mal draußen war… Es hieß, dass er seinen Sohn mit der Peitsche züchtigte.

Als wir mittags von der Schule Heim kamen, entdeckten wir drei, vier nicht zu große, aber dick aufgetragene Kleckse von Kalk oder Gips, die an der Klinkermauer der Garage prangten. Es hieß später, dieser kleine Junge sei dabei beobachtet worden, als er sich gehetzt an unserer Garagenmauer zu schaffen gemacht

habe. Der Bursche tauchte nicht mehr bei uns auf. Er lebte künf-
tig, wie zuvor, sein Leben schräg gegenüber…

„War das alles? War das die ganze, einfache Wahrheit über
diesen kleinen Jungen?" fragte ich Sabrina. „Dass er die Peitsche zu spüren bekam? – Und reichte dieses dürre Schema
der Vertrauensbildung, diese schmale Brücke des zaghaften
Vertrauens, das dieser Junge zu Deinem Vater aufgebaut hatte,
um die Angst vor der späteren Enttäuschung zu erklären?"
„Ich weiß nichts über diesen Jungen. Ist doch auch egal. Ich
spreche von etwas anderem: Ich spreche davon, dass mein Vater so ganz selbstverständlich mit Mitleid und Verständnis über
die Gewalt sprechen konnte, die diesem Jungen widerfuhr…
Und bemerkte gar nicht, was er selbst tat? Bemerkte er gar
nicht, dass er sich nur allzu ähnlich benahm?!" Sabrina sah mich
an und stach mit ihrem Blick prüfend in mich hinein. Und dann
ergänzte sie forsch: „Verstehst Du?! Der Junge ist mir ganz egal.
Darum geht es nicht. W i r konnten ihm sowieso nicht helfen.
– Aber stell Dir das mal vor: Mein Vater redet mit Verständnis
über diesen armen Jungen, der mit der Peitsche geschlagen
wird – und stellte sonst etwas mit seinen eigenen Kindern an,
wenn er wieder einmal einen Tobsuchtsanfall bekam?" – Das
waren weder Sorgen, noch Fragen, die Sabrinas Stirn in Falten
aufwarfen wie einen gepflügten Acker…
Ich wollte etwas sagen – nicht: einwänden. Aber ich sah dann,
dass Sabrina nur einen Moment die Worte sortierte. Sie sah
mich nicht an und war noch immer tief in Gedanken und Erinnerungen: „Stell Dir das mal vor! Eigentlich versteh ich das
heute noch nicht: Glaubte er denn, er sei so viel besser, nur
weil er keine Peitsche gebrauchte? Als wir klein waren, da
gebrauchten meine Eltern den Rohrstock. Als wir sehr klein
waren, war es ein sehr dünner – und als d e r zerbrach beim
Schlagen, da wurde ein dickerer Rohrstock angeschafft! Später
schlug mein Vater nur noch mit den Händen… mit den flachen
Händen auf den Kopf… immer… immer wieder… auf den
Kopf!" Sabrina verstummte und saß da… gedankenversunken?
Erinnerte sie sich nur? Oder war sie dabei, nachzuerleben? Ich

gewährte ihr eine Pause von unbestimmter Länge.

„Das mit dem Rohrstock… das erinnert mich irgendwie an die Scharia. Verurteilt zu hundert Stockhieben… Oder so etwas", sagte ich schließlich. Unwillkürlich musste ich grinsen. Obgleich ich selbst bemerkte, dass das jetzt völlig unangemessen war. Ich empfand das irgendwie als so unsäglich absurd… Glücklicherweise sah Sabrina mich nicht an – und somit sah sie auch nicht das Zucken in meinen Mundwinkeln.

Dann sagte sie: „Nein, nein. Der hat nicht eine bestimmte Anzahl herunter gezählt. Der hat seine Rage, seine Wut, seinen Zorn abreagiert… Natürlich war er davon überzeugt, dass wir wegen ‚Unartigkeit' Schläge verdient hatten. Aber am Ende hat er nur seine Wut heraus geschlagen."

„… bis er Frieden fand?" fragte ich.

„Frieden?" Sabrina zuckte mit der Schulter. „Welchen Frieden? So aufgewühlt, wie er danach noch immer war? Und als wir etwas älter waren, ging dann der Streit weiter zwischen meiner Mutter und meinem Vater. Sie machte dann die Tür zu, als ob damit der Streit im Wohnzimmer bliebe… der lautstark dennoch nach außen drang! Vielleicht machte sie die Tür auch nur zu, um uns davon auszuschließen. Um zu zeigen: ‚Lasst uns in Ruhe – d a s ist jetzt m e i n Streit!' – Schöner Frieden…"

Während Sabrina schwieg, schienen die alten Filme bei ihr vor dem inneren Auge abzulaufen. Nach einer ungemessenen Pause störte ich ihr Schweigen wieder: „Sabrina?" Ich sah sie an und klopfte vorsichtig bei ihr an: War sie bereit, etwas zu hören.

„Ja? Was?" Gedanken sammelnd sah sie mich an. Und gab sich dann sichtlich einen Ruck: „Ja?"

„Kann ich Dir etwas erzählen?"

Sabrina warf die Stirn in Falten: „Etwas erzählen?" fragte sie schroff. Aber dann schien sie sich selbst als abweisend zu empfinden und besann sich: „Ja, natürlich!"

„Was, wenn der Junge gesehen worden war?" fragte ich und rollte damit die Geschichten auf, die ich plötzlich vor Augen gehabt hatte. „Oder was, wenn der Junge freudig erregt und redselig von seinem Tag und von seinem neuen Bekannten erzählt hatte? Bei sich Zuhause, meine ich. Und was, wenn der Vater ihm diesem Kontakt verboten hat? Vielleicht: Diesen Kontakt mit einem der Besitzenden von gegenüber? Saß er doch selbst gescheitert in der Sozialwohnung. Und was, wenn gar der Bursche, um es ihm begreiflich zu machen, noch am selben Abend die Peitsche zu spüren bekommen hatte? – Oder: Was, wenn der Vater ihm nicht geglaubt hatte, dass er die Schokolade nicht geklaut hatte, sondern wirklich geschenkt bekommen hatte? Und wenn er für einen Diebstahl die Peitsche zu spüren bekommen hatte, den er gar nicht begangen hatte?

Was also, wenn es keine ‚Gegenreaktion' auf die kleine Portion ‚Menschlichkeit' war? Sondern wenn es einfach der hilflose Versuch dieses kleinen Jungen war, zum Ausdruck zu bringen, dass er nie mehr kommen würde? – Wenn er schon nichts würde erklären können…''

Familienidylle

„Mein Vater hat uns zu seinem Geburtstag eingeladen", verkündete Sabrina. „Er hat eben angerufen."

Ich verdrehte die Augen.

„Jetzt lass mich nicht w i e d e r hängen!" klagte Sabrina sogleich, denn sie ahnte schon, dass ich mich wieder einmal verweigern würde.

„Sabrina, wie oft soll ich mir das noch anhören?" hielt ich genervt dagegen. „Und w i e oft willst D u Dir das noch antun?!"

„Mensch, Du hast Dich schon anderhalb Jahre dort nicht mehr sehen lassen! Ich finde das außerdem nicht fair, dass ich da immer alleine hin muss!" beklagte sich Sabrina.

„Naja. M e i n Vater ist er wohl nicht, oder? Und dass Du Dir das immer noch antust, das kann ich schon lange nicht mehr verstehen."

„Na gut! Aber es ist meine M u t t e r. Um ihretwillen will ich nach Hause. Und das lass ich mir von Dir nicht nehmen!" Sie sprach es mit unverrückbarer Bestimmtheit aus.

„Ja. Gut. Dann bist Du ja nicht allein. Und was mich betrifft…"

Ich zog die Schultern zur gedehnten Frage hoch: „Sag es ihm… Oder sag, dass ich leider, leider, leider keine Zeit habe. Ist mir egal. – Aber… eigentlich weiß er wohl, weshalb ich einen Bogen um ihn mache."

Ich weiß gar nicht mehr, zu welchem Anlass es stattgefunden hatte. Hatte er Geburtstag? Hatte die Mutter Geburtstag? Oder was war es noch? Jedenfalls waren auch seine Geschwister anwesend – zumindest die, die noch lebten.

Die Runde bei Kaffee und Kuchen lief so ab, wie ich es schon zweimal erlebt hatte. Am meisten hatte Sabrinas Vater zu erzählen. Und er erzählte, was man überwiegend auch schon zweimal gehört hatte. Denn bis auf die eine oder andere neue Anekdote waren es natürlich immer dieselben Geschichten, die ihn so stark beeindruckt hatten, dass er sie immer wieder erzählte. – Sabrina kannte natürlich längst eine jede dieser Geschichten und Anekdoten.

Ich hatte gar nichts dagegen, die eine oder andere Geschichte eben nun zum dritten Mal zu hören. Man hat sie ohnehin wieder vergessen. Oder man hat ohnehin irgendwelche witzigen Details vergessen. Und schließlich werden die Geschichten ja auch immer ein bisschen anders erzählt. Da muss man derlei Anekdoten noch viel häufiger hören, ehe sie einem aus den Ohren heraushängen.

Aber es waren wieder überwiegend die „Lausbubengeschichten", von denen dann schließlich eine w i e d e r endete mit: „. . . der hat das natürlich brühwarm meiner Mutter erzählt. Kaum dass ich wieder Zuhause war – ich hatte die Tür noch nicht richtig hinter mir zu", schilderte er lautstark unter Lachen, „da bekam ich es mit dem Siebenstränger. Da brauchte meine Mutter gar nichts zu sagen. Ich wusste schon, wofür ich es bekam. – Und als mein Vater abends nach Hause kam, da gab es gleich noch einmal eine Tracht Prügel!"

Allgemeines Lachen erhellte die Runde. Aber bei genauem Hinsehen grinste sein ältester Bruder nur stumm und mit dem Blick abwesend irgendwo zwischen Kuchen und Sahne. Sabrina grinste gequält, um nicht allzu sehr aus der Reihe zu tanzen. Arno blickte zornig den Vater an. – Die Restlichen in der Tischrunde hatten alle etwas zu lachen. Ich selbst gehörte ja als „Schwiegersohn in spe" am wenigsten zur Familie: Ich hielt mich neutral auf einem Beobachtungsposten und hatte nun nichts mehr zu lachen. D i e s e s Ende der Geschichte, das auch das Ende vieler anderer Geschichten war, fand ich nicht mehr lustig.

Erwartungsgemäß kam auch noch der Schlussakkord, auf den ich nur gewartet hatte – und den ich nun auch zum dritten Mal hörte: „Aber das hat uns alles nicht geschadet! Das ist alles Quatsch heute, das Gerede um ein paar wohl verdiente Schläge. Ich h a t t e es ja auch verdient!" – Am stärksten lachte der Vater selbst! Und dann beugte er sich in die Tischrunde hinein vor und geiferte schon vorgreifend nach Bestätigung: „Aber. . . heute geht man ja mit sowas zum Psychologen!" setzte er abfällig nach und peitsche sein eigenes Lachen noch einmal an.

„Ja? Hat es… ‚Euch'… nicht geschadet?" fragte ich unvermittelt und mit Eises Kälte. In Wahrheit loderte Zorn in mir auf.

Sein Kopf schnellte zu mir hinüber. Sein Lachen verstummte. Sein Grinsen war aufgesetzt und diente nur dem Friedenserhalt in fröhlicher Runde. Sein starres Grinsen ließ unschwer erkennen, dass er genau ahnte: Hier schickte sich jemand an, ihm den Spaß gründlich zu verderben! „Mh? Was jetzt?!" fragte Sabrinas Vater und fixierte mich mit einem wie in Gummi gegossenen letzten Friedensangebot.

„Ja, weshalb erzählst Du immer wieder so detailliert von diesen Schlägen, wenn sie Dir doch gar nicht geschadet haben!?" sagte ich scharf, ohne sein Lächeln zu erwidern. I c h bot hier keinen Frieden mehr an. Mir war sehr wohl bewusst, dass ich entweder den Bonus des Außenstehenden oder die Gunst der geselligen Runde als Schutzschild ausnutze, um zu sagen, was mir längst quer im Magen lag, wenn ich wieder einmal zu hören bekam, wie gut ihm diese Schläge getan haben müssen. Arno stand auf und verließ die Tischrunde. Fast niemand schenkte ihm Beachtung. Viel zu brisant war, was gerade zwischen Sabrinas Vater und mir ablief. Nur die Mutter warf Arno einen Gift speienden Blick hinterher.

„Ja, konkret! Was willst Du jetzt?! Ich dachte, wir feiern hier Geburtstag!" zischte der Vater mich an. Das Lächeln war zu Eis erstarrt und wollte ihm kaum noch gelingen.

„Ja. Genau. Das dachte ich auch", erwiderte ich noch schärfer. Für einen Moment knisterte die Luft und ich vermeinte das Zischen einer Flamme zu hören, die nur danach gierte, auf Benzin zu stoßen.

Da ging der älteste Bruder mit einem Lachen in die angespannte Atmosphäre: „Ja. Ja, und an derselben Stelle… Wir waren ja schon älter! Wir sind dann nachts mit den Eltern und den Nachbarn da auf Skiern den Hang hinunter, jeder eine Teerfackel in der Hand. Man… war das immer ein Spaß! Und da hat damals irgendwie über Gefahren niemand gesprochen… Aber wir kannten ja die Pisten auch wie die eigene Westentasche…"

Wortlos stand ich auf und verließ die heitere Tischrunde. Ich suchte Arno auf, der mit bebender Brust in seinem ehemaligen Jugendzimmer stand und mit schweren Atemzügen den Zorn zu beherrschen suchte. Als er mich kommen hörte, sah er sich zu mir um. Einen Augenblick sahen wir uns stumm an. Dann giftete er mich an und fauchte zischend: „Was?!" – Aber ich zuckte nur ruhig mit der Schulter und sagte: „Was soll sein?"

„Hast Du Fragen?!" spie er scharf aus. Aber ich warf nur die Stirn irritiert in Falten und zuckte mit beiden Schultern: „Ja! Willst Du reden?" Arno ließ von mir ab und sah wieder nach draußen. Nach einer Pause, in der nur das Schweigen sprach, fragte er – den Blick noch immer nach draußen gerichtet: „Gehen wir was raus? Oder bist Du da unabkömmlich?"

„Nur wir zwei", stellte ich fest – anstelle einer Frage. Und Arno: „Ja! Was sonst?" Dann drehte er mir wieder sein Gesicht zu: „Es nieselt draußen! Stört Dich das?" „Ja. Ein bisschen stört's. Aber nicht genug", antwortete ich nur. Wir gingen dann, ohne uns bei der herzlichen Tischgemeinschaft abzumelden.

Unser Spaziergang war lang. Arno zeigte mir Wege und Winkel, die ich von den familiären Spaziergängen noch nicht kannte. Derweil nässte uns der dichte Nieselregen so allmählich durch wie ein Tauchgang in Zeitlupe. Mit dem Wasser rückte uns auch die Kälte zu Leibe und schien uns wissen lassen zu wollen, wir seien draußen ungebetene Gäste. Wir begegneten der Kälte mit forschen Schritten, die uns gehörig einheizten.

Arno offenbarte mir Seiten aus Vergangenheit und Gegenwart dieser Familienidylle, die ich noch nicht zu hören bekommen hatte.

Dreimal noch ging die Haustüre wieder zu, weil die Kälte hereinzog, aber die Verabschiedung kein Ende nahm. Eine Schwägerin des Vaters drehte mir dann schließlich flüchtig ihr lachendes Gesicht zu, aus dem heraus sie mich beinahe flüsternd aufforderte: „Und jetzt streitet Euch nicht!! – Püh-ha-ha-ha!" Dann endlich waren alle Gäste fort. Die Tür ging zu. Ruhe wollte einkehren.

Aber der Vater schien nur darauf zu brennen, nun mal endlich die Rangordnung zu klären – in seinem Hause. Sein künstliches Lächeln war längst nur noch aus dünnem, durchscheinendem Porzellan. „So! Und jetzt: Was sollte das eben?!"

„Wo nach klang es denn?" fragte ich spitz entgegen.

„Nach Streitsucht! – Meinst Dir ja ganz schon was rausnehmen zu können! Als Schwiegersohn in spe", blaffte er.

„Streitsucht?" fragte ich. „Also kannst D u hier tun und lassen, was Du willst? D u kannst sagen, was Du willst?"

„Wohl eher als Du!" herrschte er mich an. „Das ist ja immer noch m e i n Haus!"

„Hoh, hoh", höhnte ich, „solange ich m e i n e Füße unter D e i n e n Tisch setze? Meinst Du das?"

„Menschenskinder", flehte die Mutter plötzlich beschwörend – und ängstlich zugleich, „so hört doch auf!"

Aber das interessierte mich jetzt nicht mehr. Zu scharf war die Provokation des Vaters, mit der er nun auch m i c h zum Buben und Duckmäuser machen wollte. „Was ist das? Das alte Schema, mit dem Du Deine Kinder glaubtest regieren zu dürfen? Führer, befiehl?!"

„Jetzt reicht's aber! Das muss ich mir nicht anhören!" tobte er nun endlich und rang schwer um die Reste der Fassung.

„Ja! Ja! Ja!" blaffte ich ihn nun herausfordernd an: „Wird allmählich die Hand wieder locker?! So wie bei Sabrina?!"

„He…!" wollte er Einhalt gebieten. Aber ich ließ mich nicht aufhalten: „So wie bei Arno?"

„Ah! Jetzt fängst Du auch noch davon an…" Aber immerhin ging er einen halben Schritt zurück und nahm auch die Lautstärke zurück.

„Ja!" fauchte ich mit zornig zischender Stimme. „Ich fange erst an! Und was ist mit Dir? Was ist mit den Schlägen, die D u bezogen hast?!"

„Ah? Ja? Was ist mit mir?" bellte er zurück. Und zischte dann verächtlich: „Was weißt Du schon!? Du musst erst mal noch ein bisschen älter werden…"

„Ach? Mir fehlt Lebenserfahrung?" fragte ich scharf zurück.

„Oh ja! Lebenserfahrung fehlt Dir noch ganz viel! So theoretisch wisst Ihr ja alles besser!"

„Ja? Fehlt mir die Erfahrung, dass mir k e i n e Bomben auf den Kopf gefallen sind? Fehlt mir die Erfahrung, mit den eigenen Füßen über Bombentrümmer geklettert zu sein? Fehlt mir die Erfahrung, aus alledem einfach n i c h t s gelernt zu haben?!"

„Was soll d a s jetzt?!" hämmerte der Vater.

Ich ließ mich nicht unterbrechen: „Fehlt mir die Erfahrung, die eigenen Kinder geschlagen zu haben?!"

„„Es reicht!" donnerte er. „Du hast ja k e i n e Ahnung!"

„Bitte!" hielt ich ebenso entgegen, um ihm die Gelegenheit gleich wieder zu nehmen, mir jetzt das Wort zu entreißen. „Warum musst Du Dich nach so vielen Jahren immer n o c h und immer w i e d e r darin detailreich ergehen, d a s s Du und w i e Du Dresche von Deinen Eltern bezogen hast?! Du versuchst hilflos, es lustig zu finden. Und beteuerst hilflos, dass es Dir nicht geschadet hat! Um Arno lächerlich zu machen, von dem Du genau weißt, dass er seine heiligen Probleme mit Deinen Schlägen hat!? – Um Sabrina ins Lächerliche zu ziehen, von der Du genau weißt, dass sie Dir gegenüber Grenzen empfindet, die Du zu respektieren nicht bereit bist!?"

Sabrinas Vater rang um Fassung und suchte für einen kurzen Moment hilflos nach Unterstützung in der Runde. Die Mutter bot hilflos Hilfe an: „Hach, nun streitet Euch doch nicht. War doch so schön, der Tag…"

„Ach?" flachste ich giftig, „so s c h ö n war es also!? Ich darf Euch gar nicht sagen, wie gut ich auf solche Fröhlichkeit verzichten kann."

„Ja?!" fauchte der Vater. „Das will ich auch hoffen! Wenn Du hier nur Ärger stiften willst, dann brauchst Du hier gar nicht mehr herzukommen!" Der Vater verließ zornig den Raum.

Gewissensqualen

„Helga meinte, sie hätte einige Fehler gemacht, was ihre Tochter betraf. Vor allem, meinte sie, hätte sie ihren Mann verlassen müssen, als er gewalttätig gegen ihre Tochter wurde."

„Womit", fiel ich Sabrina ins Wort, „sie bei Dir einen wunden Punkt getroffen hatte."

Sabrina sah mich an und legte ihren Kopf schief mit einer Frage im Blick, die sie nicht aussprach. Ich hob die Augenbrauen zur Gegenfrage – und Sabrina nickte zaghaft.

„Ja", begann sie dann bedächtig, „sie stellte die Rolle in Frage, die ich meiner Mutter stets eingeräumt hatte. Ich hatte meine Mutter stets in die Schutzzone des Opfers mit aufgenommen. Und hatte sie auf das Podest der tapferen Widerstandskämpferin gehoben. – Und plötzlich gesteht mir eine Mutter selbst ein, dass die Mitschuld im Verharren als Opfer besteht. Plötzlich gesteht mir eine Mutter selbst ein, dass die Verantwortung für die eigene Tochter nicht bei der hilflosen Parteinahme und Fürsprache hätte enden dürfen, wenn sich damit erkennbar die Gewalt nicht verhindern ließ…"

„Plötzlich gesteht Dir eine Frau ein", fuhr ich für Sabrina fort, „dass die Entscheidung, bei ihrem Mann zu verbleiben oder sich zu trennen, keineswegs mehr allein i h r e Sache sei, wenn es um die Verantwortung für Dritte geht – also insbesondere für die eigenen Kinder!"

„Ja. – Ich hatte es Dir gegenüber, glaube ich, mal kurz erwähnt, dass Arno von meiner Mutter die Scheidung verlangt hatte. Und dass s i e sich diese Einmischung verbat: Das sei allein i h r e Angelegenheit, ob sie ihren Mann verlasse oder ob sie weiterhin mit ihm zusammen leben wolle. Arno war glaube ich sechzehn, als er keine andere Möglichkeit sah, als gemeinsam mit unserer Mutter von diesem Vater weg zu kommen."

„Ja, genau. Er hat es mir auch selbst erzählt… Und mit anderen Worten", versuchte ich die Problematik noch umfassender zu greifen: „Das Prinzip Hoffnung darf jemand nur für sich selbst ausreizen bis zur Überdehnung – nicht aber in Verantwortung für Dritte. – Oder mit anderen Worten: Die eigene Freiheit endet da, wo man nicht nur die eigene, sondern auch die Freiheit anderer opfert."

Sabrina starrte vor sich hin. Die Fingerspitzen der einen Hand stemmten sich gegen die Fingerspitzen der anderen Hand, als könne sie damit die Konzentration des Hirns besser fokussieren. So dachte sie eine Zeit lang darüber nach... „Jaaah... So kann man es vielleicht sagen...

Und ich muss es Dir mal ganz ehrlich sagen: Als meine Mutter mir davon erzählte, da war ich mit dieser Einmischung meines Bruders ganz und gar nicht einverstanden. Niemals hätte ich meiner Mutter auch nur den Gedanken an Scheidung angetragen. Das Thema der elterlichen Ehe war für mich stets... so eine Art ,heilige Kuh' vielleicht. Aber... seit Helga mir ihre Gedanken und Gewissensbisse offenbart hatte, denke ich da differenzierter..."

Es war mir ehrlich gesagt hinlänglich lästig, dass Helga glaubte, mich zu sich zu Kaffee und Kuchen einladen zu müssen, nachdem ihre Tochter für mich die Wohnung renoviert hatte. Für mich war das ein Geschäft: Mir war aus der Patsche geholfen, und ich bezahlte Helene dafür. Auch dass ich sie deutlich besser dafür entlohnte, als sie es erwartet hatte, verpflichtete sie ja nun nicht zu ewiger Dankbarkeit – und schon gar nicht verpflichtete das ihre Mutter zu irgendetwas.

Alles begann mit Kaffee und Kuchen ganz unscheinbar. Aber bald schon fragte ich mich, ob Helga glaubte, sich für ihre Tochter erklären zu müssen. Oder suchte sie nur einfach mal jemanden zum Reden?

„Der Gipfel war, als ich mitbekommen musste, dass er meine Tochter an den Haaren riss und hinter sich her die Treppe hinunter zerrte, unter Toben, unter Brüllen... und unter den hilflosen Schreien meiner Tochter! Um ihr unten in der Küche irgendeine blödsinnige Verfehlung vor Augen zu führen...

Ich ging dazwischen. M i c h rührte er niemals an.

Damals hatte ich diesen Vorfall genutzt, um ihn endlich zumindest dahin gehend zu erpressen, dass er meiner Tochter nichts mehr antat…"

„Was meinst Du damit?" fragte ich: „Erpresst?"

„Nun, ich habe ihm offen angedroht, ihn zu verlassen, wenn er Helene noch einmal körperlich etwas antun würde. – Heute weiß ich, dass zu dieser Zeit längst alles zu spät war. Ich hätte viel, viel früher wirklich einfach gehen müssen. Alles, was mein Ex bis dahin Helene angetan hatte, hatte in Helene längst den Prototypen des Mannes zerstört."

„Aber denkst Du nicht", wandte ich ein, „dass Du es Helene nachgetragen hättest, wenn Du zu einer Zeit gegangen wärest, zu der Du noch nicht bereit warst, ihn zu verlassen? Ich meine: Zu einer Zeit, zu der D u eben noch nicht dazu bereit warst – unabhängig davon, was er mit Helene anstellte?"

„Ach, ich weiß es nicht…" Helga verstummte. Dann sah sie mich unter einer Stirn hervor an, die gequält in Falten aufgeworfen war: „Haben wir das Recht, unsere Kinder unserem eigenen Lebensentwurf zu opfern?"

„Sind sie denn nicht T e i l des Lebensentwurfs?" fragte ich zurück.

„Ja. Sicher. Und genau deshalb wird es so schwierig, abzuwägen, von welchem Zeitpunkt an die Wunden der Kinder schwerer wiegen als die eigenen Ziele! Zumal man mit jedem Mal, das man Erniedrigung und Verletzung des Kindes hinnimmt, auch die Wunden des Kindes relativiert – und sich selbst wieder ein Stück unglaubwürdiger macht."

Helga drohte mir in Selbstmitleid unter zu gehen. „Helga, man wirft nicht einfach so die Flinte ins Korn. Hat man nicht auch mit Recht die Hoffnung, dass man etwas zum Besseren ändern könne? Und hast Du nicht, wenn Du Deine Tochter gegen Deinen Mann in Schutz genommen hast, für diese Hoffnung gekämpft?"

„Ach, Sabrina, ich weiß, wovon Du sprichst." Helga wollte von mir keinen Trost zugesprochen haben. Sie wollte nur den Trost des Zuhörens. „Früher habe ich Ansichten dieser Art mit anderen Müttern geteilt – heute ist mir das alles zu theoretisch. Ich sehe die Wunden meiner Tochter, unter denen sie noch heute leidet. Und ich konnte nur noch zur Kenntnis nehmen, dass mein Sohn *das Vertrauen in die eigene Mutter einfach verloren hatte. Früher habe ich auch geglaubt, dass es mein gutes Recht als Mutter sei, von meinen Kindern Opfer zu verlangen, weil auch ich als Mutter ihnen Opfer gebracht habe. Heute weiß ich, dass Kinder ihren Eltern nicht gehören: Wenn mein Lebenskonzept, zu dem auch Kinder gehörten, scheitert, dann muss ich mein Lebenskonzept aufgeben und den Schutz der Kinder höher stellen. D a s weiß ich heute…"*

Ich war bass erstaunt und nutzte die Pause, die Helga sich einräumte, um sich zu sammeln: „Ich wusste nicht, dass Du auch noch einen Sohn hast?!"

Helga sah nicht von einem Punkt auf, der etwa dreißig Zentimeter hinter ihrem Kuchenteller auf der Tischplatte für sie die Unendlichkeit darstellte. „Mhh!" Ihre Stimme stürzte bei dieser kurzen Lautäußerung ab. Sie räusperte sich. „Es war ein ungewolltes Kind."

Dann fing Helga sich plötzlich und sah mich offen an: „Aber es würde ein Sohn werden – und einen Sohn hatte ich mir immer gewünscht. Aus diesem Grunde hatte ich mich dann entschlossen, mich auf das Kind zu freuen – obwohl ich mit meinem damaligen Mann kein weiteres Kind mehr haben wollte. Aber damit blieb auch der Makel am Wunschkind haften, dass es der Sohn eines Mannes war, mit dem ich nichts mehr anfangen konnte.

Es blieb der Makel an ihm haften, dass dieser Nachzügler mich wieder länger an meinen Mann binden würde: Ich bildete mir ein, für die Kinder mit meinem Mann zusammen leben zu müssen. In Wahrheit hatte ich wohl einfach Angst davor, mit den Kindern allein dazustehen. Denn ich hatte niemanden, dem ich die Kinder hätte anvertrauen können, wenn ich hätte arbeiten gehen müssen. So aber konnte ich Zuhause bleiben, und mein Mann verdiente das Geld. Es ging mir doch gut!

Als ich den Jungen mit drei Jahren in den Kindergarten gab und ich mich somit nicht mehr voll von ihm vereinnahmen ließ, da traten wieder die Probleme mit meinem Mann stärker in den Vordergrund. Und das Verhältnis zu meinem Sohn wurde in Mitleidenschaft gezogen. Denn er geriet mir zum Synonym für meine längst heillos unrettbare Ehe: Wir hatten uns nicht auseinander gelebt — sondern ich konnte mit ihm von Anfang an eigentlich gar nichts anfangen. Und meine Hoffnung, dass man schon irgendwie zusammenwachsen würde, war längst gescheitert. Jede Verlängerung dieser Ehe schmerzte nur noch. Nun begannen die Scheinerkrankungen: Ich zeigte alle möglichen Symptome innerer Erkrankungen. Aber die Ärzte fanden nie irgendetwas. Und was mein Mann niemals aussprach, das bildete sich bei mir selbst allmählich aus: Die Überzeugung, eine Simulantin zu sein."

Plötzlich schrak Helga geradezu auf und fragte: „Noch Kaffee?" Ich winkte ab: „Nein, danke!" — und hoffte nur, dass sie sich jetzt nicht abrupt aus ihrer Geschichte gestohlen hatte. Ich schob den Karren, der an Schwung verloren hatte, wieder an: „Und dann!? Was war nun mit Deinem Sohn!?"

„Nicht bewusst, denn es war als Sohn doch irgendwie mein Wunschkind… aber unbewusst machte ich allmählich meinen Sohn für meinen körperlichen Zustand und auch für mein Gefühl verantwortlich, eine Gefangene zu sein.

Als ich meinen Mann endlich verließ, da war mein Sohn bereits dreizehn Jahre alt… und es war wohl schon viel zu viel vorgefallen… oder er ahnte, dass unser Verhältnis zueinander von Grund auf unfruchtbar war. Für mich brach eine Welt zusammen: Mein Sohn stand noch am Anfang all der Auseinandersetzungen — und wollte gar nicht gerettet werden. Jedenfalls nicht von m i r. Was hätte ich tun sollen? Für eine Entscheidung über seinen Kopf hinweg zugunsten der Mutter war er viel zu alt…"

„Was meinst Du, Helga? Was konkret…?"

„Er blieb beim Vater, als ich mich von meinem Mann trennte. — Zunächst ging das noch gut, denn mein Ex wollte nun natürlich der gute Papa sein. Um den Kontrast zur schlechten Mama zu plakatieren, die den Sohn zurückgelassen hatte. Aber mittlerweile geht meinem Ex die Geduld aus mit dem pubertären Rivalen: Es kommt zu ersten Gewalteskalationen gegen meinen Sohn." Plötzlich unterbrach sie sich selbst, als sie merkte, dass ihr die Tränen in den Augen standen: „Ach, ich falle Dir nur auf den Wecker mit meinen Geschichten…"

„Nein!" konterte ich blitzartig. Vielleicht etwas zu eilfertig, um

glaubwürdig zu sein. „Nein, nein. Ich… ich höre nur zu." Schnell
dachte ich mir irgendetwas aus, mit dem ich Interesse zeigen
konnte. „Es war die Entscheidung Deines Sohnes. Und was hät-
te es bringen sollen, wenn das Verhältnis doch so gestört ist?"
— Doch! Sie ging mir sehr wohl auf den Wecker. Das fing damit
an, dass ich sie nicht verpflichtet sah, mich zum Kaffee einzu-
laden, nur weil ich ihrer Tochter ein wenig geholfen hatte… und
das ging damit weiter, dass ich einsehen musste: Die Frau hatte
nichts weiter als ein Opfer für ihren Kummer gesucht. –
„Es war die Entscheidung eines Dreizehnjährigen, dessen Ver-
hältnis zur Mutter zerrüttet war. – Aber wenn ich ihn mitge-
nommen hätte, dann wäre er genau nicht mehr der Grund für
eine Ehe gewesen, die nicht mehr und niemals zu retten war.
Sondern dann hätte er einfach Wunschkind und Sohn sein kön-
nen. Das war meine Hoffnung…" Unter Tränen sah sie mich
an und kramte in ihrer Handtasche. Hilflos fand sie ein Papier-
taschentuch… „Entschuldige… Ich… hatte gehofft, wenigstens
mit meinem Sohn rechtzeitig zu gehen. Wenn ich es mit meiner
Tochter schon nicht richtig gemacht hatte. Aber ich hatte mich
einfach zu spät durchgerungen. Für meinen Sohn… war das be-
reits zu spät…"

Sabrina unterbreitete mir Einsichten, die im völligen Gegensatz
zu ihrem Umgang mit ihren eigenen Eltern stand: „Ich lernte
plötzlich eine Mutter kennen, die ihr ganzes elterliches Verhalten in Frage stellen kann. Und sehe dem entgegen meinen
Vater. Der hatte Arno einmal gesagt, sein ganzes Leben sei
ja für die Katz gewesen, wenn er Arno alles als persönlichen
Fehler eingestehe, was Arno ihm vorwirft."
„Das ist ja wieder so pauschaliert…" wandte ich ein. „Darum
geht es Arno doch gar nicht!"
Sabrina ging nicht darauf ein: „Früher war ich auch immer der
Meinung, dass Arno mit seinen Vorwürfen gegen unsere Eltern zu weit ginge, weil er die Situation meiner Eltern nicht
angemessen berücksichtige. Aber seit ich Helga als Muster einer Mutter kennengelernt habe, die tabulos selbstkritisch ist,
seither frage ich mich, ob unsere Eltern wirklich das Recht

haben, den eigenen Lebensentwurf zu verteidigen, nur um vor sich selbst noch bestehen zu können… wenn sie andererseits doch nicht in der Lage waren, diesen Lebensentwurf so zu leben, dass ihre Kinder unbeschadet daraus hervor gingen."

„Wie meinst Du das?" fragte ich Sabrina, obgleich sie es mit ihrer Geschichte über Helga eigentlich schon beantwortet hatte. Aber gerade in Bezug auf ihre eigenen Eltern wollte ich von ihr eine ganz konkrete Positionierung hören: „Zu diesem Lebensentwurf gehörten doch genau die Kinder selbst! Drei Kinder sind doch schließlich Planung und kein Unfall?! – Versteh mich richtig: Dann könnte das dritte Kind vielleicht ein Unfall sein… aber z w e i zumindest waren geplant. Also: Die Familie an sich war gewollt und geplant!"

„Ja. Aber nichts desto trotz sind Kinder nur temporäre Lebensbegleiter. Die Kinder gehen irgendwann aus dem Haus. Am Ende muss der Entwurf doch nur für die Ehe gültig sein, nicht für die Familie… nicht für die Kinder!"

„Ja", musste ich Sabrina noch einmal herausfordern, „und das genau ist ja der Grund, weshalb die Kinder nicht ein so hohes Gewicht haben: Eben w e i l sie irgendwann wieder weg sind…"

„Nein…" schien Sabrina mir Gedanken verloren zu antworten – und wusste doch ganz genau, worauf sie hinaus wollte: „Eltern dürfen Kinder mit auf ihren Weg nehmen. Aber sie dürfen ihre Kinder nicht für den eigenen Lebensentwurf opfern!"

Grenzüberschreitungen

Die eine Grenzüberschreitung – als sie 40 wurde – hatte Sabrina nicht genutzt, um groß zu feiern. Es hatte aus irgendwelchen Gründen nicht geklappt. Aber ich wurde den Verdacht nicht los, dass sie mit dieser Grenzmarkierung der ‚40' nicht so gut umgehen konnte. Nun aber wartete sie nicht bis zur nächsten großen Grenzmarkierung – und entschloss sich, jenen Geburtstag zum Anlass einer großen Feier zu wählen, an dem sie 44 wurde. Ein Zahlenspiel, das mir durchaus Spaß bereitete.

Diese Feier brachte eine andere Grenzüberschreitung mit sich, die Sabrina den langen Arm der Geschichte beweisen sollte, an dessen Ende eine Hand gewachsen war, die wiederum… rücksichtslos ins Gesicht schlug.

Sabrina bestand darauf, auch ihre Eltern zu dieser Feier einzuladen.

Mehrfach hatte Sabrina ihrem Vater gesagt, dass sie von ihm nicht in den Arm genommen werden wolle. Aus gewiss nur zu gut verständlichen Gründen. Sie hatte ihm auch erklärt, dass sie seine Nähe und seine Berührungen nicht ertragen könne. Weshalb sie das nicht ertragen konnte, musste sie wohl gerade dem eigenen Vater n i c h t erklären! … dachte sie. Aber derselbe Vater wünschte sich in der Gegenwart nun nichts sehnlicher, als eine herzliche Familie um sich zu haben – und dabei nicht nur vergaß, was er selbst in seiner Familie zerstört hatte, sondern der im Wortsinne vergaß, was alles geschehen war:

Er w e i ß es nicht mehr, weil er es einfach ausgeblendet hat! Ohne Zweifel, weil er es nicht wahr haben will, dass er selbst sich das Ziel seines Lebens, eine große und harmonische Familie zu haben, zerstört hat.

So könnte dieser Vater also in seinem Zwiespalt zwischen Sehnsucht und Vergesslichkeit das Ziel barmherzigen Mitleids sein… Aber Wunden, insbesondere wenn sie noch nässen, sind nicht wirklich in der Lage, Mit-Leid zu empfinden, weil sie selbst zu sehr vom eigenen Schmerz und eigenen Leid vereinnahmt sind. Und außerdem: Könnte Mit-Leid die Grundlage sein für eine menschliche Beziehung, würdevoll, auf einer Augenhöhe? Der Mann war nicht bereit, die Grenzen anderer Menschen – Sabrinas Grenzen – zu akzeptieren! Schon allein deshalb konnte man sich nicht auf einer Augenhöhe begegnen! Und schon deshalb verbot sich Mitleid.

Mehrmals bereits, weil er die Grenze zu wahren einfach nicht bereit war, hatte Sabrina darauf zu drängen versucht, dem Vater nur die Nähe des Handschlags einzuräumen. Dieses zuzulassen bedeutete schon eine Überwindung, die sie ihm immerhin gewährte. Dieses schon lange bevor ich Sabrina überhaupt kannte. Das war eigentlich nichts Neues.

Es war, wie er mir gegenüber unter vier Augen einmal eingestanden hatte, eine tiefe, schmerzende Wunde, seine Tochter nicht – wie andere Väter auch – in den Arm nehmen zu können. Ich hatte ihm zu bedenken gegeben, dass vielleicht einfach zu viel vorgefallen sei. Er verstand es nicht: Aber irgendwann müsse doch auch mal gut sein; er könne es doch schließlich nicht rückgängig machen.

‚War e r derjenige, der zu bestimmen beanspruchen konnte, wann es und ob es ‚gut' sei?' – fragte ich mich.

Und fragte ihn: „Hast Du sie denn deswegen wenigstens jemals um Verzeihung gebeten? Hast Du sagen können: ‚Es tut mir L e i d!?' – und das auch e m p f i n - d e n können? Hast Du es sagen können, ohne die Worte nur aus Pflichttreue zu wählen? Hast Du es sagen können, ohne nur eine Floskel auszusprechen, um formal den Frieden wiederher zu stellen? Hast Du es sagen können, um Deinen inneren Frieden mit Deiner eigenen Vergangenheit wiederfinden zu können? Wenigstens d a s, wenn Du Dich schon mit anderen Vätern vergleichst?"

So hatte ich dagegen gehalten – und ich ahnte, dass er es nur einsteckte, weil er das gute Verhältnis zum (zu dieser Zeit „Pseudo-") Schwiegersohn nicht gefährden wollte. Und dann wieder seine zum Erbrechen, keineswegs zum Erbarmen, armselige Selbstrechtfertigung, die er mir gegenüber in einem früheren Gespräch nur einmal angedeutet hatte… Nun also sagte er es frei heraus: „Du kennst aber auch ihren Dickkopf! Ich weiß nicht, wie sie Dir gegenüber ist, aber Du ahnst doch wohl, wie sehr sie provozieren kann!" ermahnte er mich.

„Also", hatte ich geantwortet: „Du hast eigentlich alles richtig gemacht!" So stellte ich dem Tonfall nach beendend fest. Aber mit meinem Blick drückte ich unverhohlen aus, dass ich seine dummen Rechtfertigungen nicht mehr hören konnte. Von den lebenslangen Nachwirkungen bekam er ja eigentlich nicht m e h r mit, als dass seine Tochter von ihm nicht in den Arm genommen werden wollte! Im Übrigen war es nun m e i n e Sache, mit den Folgen s e i n e r Unzulänglichkeit klar zu kommen. Das störte mich gewaltig. Und nach seiner Selbstrechtfertigung und wiederum und abermals seiner Schuldzuweisung an Sabrina erkannte ich, dass der Mann einfach nicht mehr hinzukriegen war.

Später kam es noch einmal zu der Zusammenkunft im Rahmen der erwähnten Familienfeier – im Rahmen derer es schließlich zur Eskalation kam. Fortan machte ich einen weiten Bogen um ihn.

Diese Geburtstagsfeier nun war aber wieder so ein Anlass, zu dem ich ihm nicht ausweichen konnte. Schlimmer daran aber war, dass S a b r i n a ihm nicht ausweichen konnte: Bei der Begrüßung ebenso wie bei der Verabschiedung nutzte ihr Vater die Gelegenheit der Öffentlichkeit. Ahnte er, dass seine Tochter den Anstand besitzen würde, ihn nicht bloß zu stellen und die Feier nicht zu verpatzen?

Er schnappte sie sich. Er s t a h l sie sich. Er k l a u t e Familienidylle, die er selbst zerstört hatte.

Der Eklat daran, dass er diese Öffentlichkeit gegen sie ausgenutzt hatte, um sie nach seinem Verständnis von Herzlichkeit in den Arm zu nehmen, tobte sich später in ihr selbst aus und trübte mal wieder für längere Zeit unsere Beziehung ein. Sie hatte lange daran zu knacken, sich im Alter von 44 Jahren so wenig gegen ihn wehren zu können wie mit achtzehn.

Achtzehn Jahre alt war sie, als ihr Vater sie zum letzten Mal geschlagen hatte. Ach! – Was sag ich: geschlagen? „Geschlagen" will vielleicht vermuten lassen, es sei mit einem Hieb gut gewesen. Aber es müssen dreißig, vierzig, fünfzig Schläge gewesen sein, die er mit den flachen Händen auf ihren Kopf und immer wieder auf ihren Kopf hatte niederprasseln lassen... Sabrinas Bruder hatte mir diese Situation dereinst sehr genau beschrieben. Der hatte nämlich alles mitbekommen. Und seitdem wurde ich das Gefühl nicht los, dass das Verhältnis Sabrinas zu ihrem Bruder auch darunter gelitten hatte... Aber das mochte eine ganz irre Vermutung von mir selbst sein.

Gebrochene Seele

Arno, zu der Zeit noch so gerade dreizehn Jahre alt, hatte quasi aus der Ferne alles mitbekommen.

Begonnen hatte es mit einem Streit zwischen ihm, seiner Schwester Sabrina und dem Vater. Das Schlimmste daran: Die ganze Angelegenheit war längst geklärt und war zu keiner der beiden Nachteil gelöst worden. Sowohl Arno als auch Sabrina hatten, was sie brauchten. Aber nun führte der Vater einen Streit mit Sabrina um den Eventualfall – der definitv ausgeräumt und nicht mehr zu befürchten war. Es ging ihm wohl also um Werte, um Grundwerte, so will ich wenigstens noch zu seiner Verteidigung anführen. Aber was erwartete er von einer pubertierenden Tochter, zumal zu diesem Zeitpunkt das Verhältnis zum Vater bereits vollständig zerrüttet war? Was machte er sich denn eigentlich vor?

Meinetwegen hätte er toben und schreien können. Meinetwegen hätte er Sabrina, um der ganzen müßigen Diskussion endlich ein Ende zu setzen, auf ihr Zimmer befehlen können. Keine Ahnung, was er alles hätte tun können. – Aber er h a t nicht. Er musste ausstreiten und schließlich die Uneinsichtigkeit der Achtzehnjährigen mit Schlägen sinnlos unter seine Herrschaft zwingen.

Arno hatte sehr darunter gelitten, dass er mit seinen blassen dreizehn, naja, knapp vierzehn Jahren, aus der Entfernung von drei Zimmern hatte mit anhören müssen, was sich da abspielte. – Der Vater konnte es ungestraft tun, weil sie ein freistehendes Haus bewohnten: Niemanden störte, was sich in den vier Wänden dieser ehrenwerten Familie abspielte.

Die Schläge des Vaters waren nicht zu hören. Sie wären es vielleicht, wenn nicht die Geräuschkulisse des weiterhin tobenden Vaters gewesen wäre – und die Geräuschkulisse der schier um ihr Leben schreienden Tochter.

– Arno gingen diese Schreie nie mehr aus dem Kopf. Nichts Konkretes erinnerte er. Keine Sätze, keine Worte. Nur den Klang der Schreie. –

Die Schlagzahl war also nur zu erahnen anhand des stockenden Brüllens und Atmens des Vaters. Und die nicht enden wollenden Schreie Sabrinas zeigten Arno an, dass die Schläge ohne Unterlass hagelten.

Oft genug schon hatte er mit angesehen und auch – aber eben seltener als seine Geschwister – selbst erlebt, was der Vater unter Krieg verstand: Die heillose Ausnutzung der erbarmungslosen körperlichen Überlegenheit. Auch diese endlosen Schläge auf den Kopf hatte Arno am eigenen Leib kennengelernt.

Das Ende der Schläge war auch das Ende der Brüllerei des Vaters. Das Ende war das aufzehrende Schluchzen der Achtzehnjährigen. Es war das aufzehrende Schluchzen der eigenen Schwester, die nun in Arnos Zimmer wimmerte und schluchzte.

Das kam ja zu Arnos Verunsicherung hinzu: Diese Schlägerei fand in s e i n e m Zimmer statt. In das er sich nun nicht hinein zu gehen traute. Und vielleicht – ich weiß es nicht, ich vermute es aber – kam für Arno auch ein gewisses Schuldbewusstsein hinzu, denn dieses Ende, das er nicht gewollt hatte und auch nicht zu verantworten hatte, hatte eben genau begonnen mit einem sinnlosen Streit zwischen ihm und seiner Schwester über diese an sich doch längst geklärte Angelegenheit. Ein Streit, den sein V a t e r fortführte.

Was er in dieser Angelegenheit mit seinem Vater teilte, war seine Ansicht zu dem Eventualfall, der ausgeräumt war – und an den Sabrina sich klammerte. Ich habe nie begriffen, weshalb sie sich eigentlich, nachdem alles geklärt war, so sehr an dem Eventualfall festgehalten hatte. Wähnte sie allein in dem Lösungsvorschlag zu dem Eventualfall den jüngsten Bruder, Arno, wieder unsäglich übervorteilt? Oder war nur einfach das Verhältnis zum Vater längst so zerrüttet, dass es niemals einen Konsenz mit diesem Vater geben konnte?

Jedenfalls war es nicht allein die Unwissenheit, die verhinderte, dass sie, immerhin sogar schon volljährig, dennoch nicht zur Polizei ging mit dieser Angelegenheit. Die Unwissenheit, dass sie sich mit juristischen Mitteln gegen diesen Vater hätte wehren können. – Wenn es auch ein endlos langer Kampf gewesen wäre, aber was wäre es gewesen gegen die vielen Kämpfe, denen sie bereits heillos unterlegen ausgeliefert gewesen war?

Sondern ohne jeden Zweifel war es auch die Angst, über einen solchen Kampf gegen den Vater die einzige Verbündete in diesem System zu verlieren: die Mutter. Die Mutter also, die in Wahrheit das System des Vaters stützte, statt es wirksam in angemessenen Grenzen zu halten.

Am Ende bleibt nur dieses: Der Vater h a t t e diesen Streit nicht mit Prügel zu beenden. Aber was geht vor in einem jungen, verängstigten Menschen? Und wie viel Bereitschaft zur Selbstbezichtigung herrscht schließlich in einem jungen Menschen, der ein solches väterliches und auch elterliches Regime von Kleinkind an erlebt, erduldet, ertragen hatte? Gebrochene Seele, die du gelernt hast, am Ende stets nur dem Diktat der stärkeren Hand folgen zu müssen!

Wie viel hat man geforscht und analysiert und Schlüsse gezogen über die Ausprägungen des Diktats in einem totalitären Staat – und hat sich doch um die Familien nicht wirklich gekümmert, in denen der Totalitarismus wahrhaftig blüht und gedeiht, und in denen das Gebot der Privatsphäre noch heute mehr gilt als die Menschenrechts-Charta!

Auf subtile Weise und im Grunde ihrer Seele – auf jeden Fall ohne den Vorsatz des Vorwurfes: Hatte Sabrina ihrem Bruder nachgetragen, dass er an der Ursache dieses Streites mitgewirkt hatte? Und dass er nicht eingeschritten war, um ihr zu helfen? Und hatte sie es ihm nachgetragen, dass er mal wieder der Zuschauer war? Dass er mal wieder keine Schläge abbekommen hatte, während sie als die Älteste einstecken musste?

Ich vermute, dass Sabrina mit achtzehn Jahren alt genug war, um zu verstehen, dass Arno nicht einschreiten konnte. Aber was haben die Gefühle mit dem zu tun, was der Verstand begreifen kann…

Schattenspiele

„Sag mal: Was interessiert Dich eigentlich so brennend an dem Leid der Menschen? Weshalb begibst Du Dich immer wieder auf die Suche nach dem, was Du Schmerz nennst? – Du hast das alles nicht erlitten in Deinem Elternhaus. Vermisst Du das etwa: Warum rührst Du in den Schicksalen anderer Menschen herum?" Sabrina blickte mich plötzlich vorwurfsvoll mit leicht zusammengekniffenen Augen an: „Manchmal kommt mir das vor, wie ein von Schadenfreude begleiteter Voyeurismus. Nicht in dem Sinne, dass Du Dich diebisch am Leiden anderer erfreust. Aber in dem Sinne, dass es einen gewissen Unterhaltungswert für Dich besitzt, anderer Leute Leben und Leiden zu sezieren!"

„Ich glaube, dass ich in gewisser Weise in einem Kokon aufgewachsen bin. Und es ist schön, dass meine Eltern mir das gewähren konnten. Aber in der Oberstufe begann ich zu sehen, dass viele meiner Mitschülerinnen und Mitschüler, so jung sie waren, Schicksale mit sich herum trugen. Anhand dessen, was wir in Geschichte und was wir in Erdkunde lernten, und anhand dessen, was ich unmittelbar um mich herum sah und hörte, entdeckte ich eine Diskrepanz! Was eine Gesellschaft, einen Staat im Großen bewegt, und was die Menschen im Kleinen bewegt, das passt häufig überhaupt nicht zusammen, weil die Menschen erst einmal ihre eigenen, hautnahen Probleme lösen müssen, ehe sie sich dem Politischen widmen können. Was die Menschen als Individuen bewegt, was die Menschen in ihren Familien beschäftigt, was die Menschen zum Teil zu extrem bedarfsorientierten und temporären Freundschaften treibt, das entspricht oft überhaupt nicht dem, was die Gesellschaft als Staatssystem zum Handeln treibt."

„Wie meinst Du das?" fragte Sabrina und empfand wohl meine Äußerungen als etwas konfus. Ebenso konfus kam mir Sabrinas Frage vor: Ich interessierte mich für Menschen und für Schicksale. Aber nun musste ich zum ersten Mal erklären, was mich innerlich dazu antrieb… Eine äußerst interessante Herausforderung…

„Ich entdeckte, dass Gesellschaften sich gerade mit den größten Problemen der Menschen nicht auseinandersetzen, sondern häufig gerade diese größten persönlichen Probleme der Menschen mit Tabus belegen. Nicht nur, dass Gesellschaften nicht auf diese Probleme eingehen – nein, schlimmer noch, gibt es einen unausgesprochenen Verhaltenskodex, der festlegt, was offen gesagt werden darf und was verschwiegen werden muss, was getan werden soll und was nicht geduldet wird.

Ich begann mich also zu fragen, weshalb das so ist. Aber ich musste entdecken, dass ich nur mit dem Blick bis ins Detail hinein wirkliche Antworten würde finden können. Indem man einzelne Tabus aufdeckt und den individuellen Umgang mit Tabuthemen beleuchtet, ist man überhaupt in der Lage herauszufinden, weshalb Gesellschaften in Bezug auf bestimmte Themen einfach blind sind – selbst dann, wenn diese Probleme sehr verbreitet sind.

Vielleicht gelingt es ja auf diese Weise, dass eine unbestimmte Menge Menschen über eigene Probleme hinwegsehen kann und für sich selbst suggerieren kann, ‚n o r m a l', gesund, problemfrei zu leben. Aber wenn eine Gesellschaft sich einig ist, wegzuschauen, dann ist das Problem auch weit verbreitet, über das man hinwegsehen möchte. Denn Gesellschaft wird durch Interessengemeinschaft und Konsens gebildet. Dieser Konsens muss nicht aktiv auf Handeln beruhen, sondern kann auch passiv in der Verteidigung von Tabus bestehen.

‚Normal' bedeutet also plötzlich nicht mehr ‚gesund' oder ‚ursprünglich' – sondern es bedeutet nur noch im ganz einfachen Wortsinn ‚normiert'. Und ‚normal' ist das Überdecken der eigenen Probleme durch Ersatzverhalten und Statussymbole. Darüber hinaus fügen sie anderen Menschen unglaubliches Leid zu, um ihr eigenes Leben… nicht: in den Griff zu bekommen, sondern: unter Kontrolle zu halten.

Irgendwann habe ich dann geahnt, dass sie damit nicht Problemen ausweichen, sondern verhindern, ihren eigenen Problemen zu begegnen!

Aber darüber hinaus entdeckte ich auch, dass die Probleme der Menschen für sie meistens mit einem enormen Leidensdruck, mit einem inneren, einem psychischen Schmerz verbunden sind. Und diesen Schmerz zu empfinden meiden die Menschen wie der Teufel das Weihwasser!

Das nun erst recht forderte mich heraus, dem Menschen auf den Grund zu gehen. Denn Problembewusstsein kann man schaffen – das erfordert nur Geduld. Aber die Bereitschaft zu schaffen, den eigenen Schmerz in sich zu fühlen, dem man doch nach allen Regeln der Kunst auszuweichen bemüht ist, ist nahezu unmöglich. Und ich befürchte mittlerweile, dass man das auch mit den besten Argumenten und Beweisführungen bei nur ganz wenigen Einzelexemplaren schafft, aber nicht im Kollektiv, also nicht gesellschaftstragend."

„Das hieße", wandte Sabrina ein, „es ist zwecklos, was Du tust. Dein Streben nach der ‚Erkenntnis' vom Menschen könnte also letztlich sowieso keine Verbesserung für das Miteinander der Menschen erbringen?"

Ich schwieg eine Zeit. Und wog dann unentschlossen mit dem Kopf, was sich nicht wiegen ließ: „Vielleicht. Vielleicht ist es so…"

„Warum tust Du es dann noch? Warum verschwendest Du Deine Zeit damit, den Menschen zu verstehen?"

„Nun ja: Vielleicht, weil ich mich nicht damit abfinden will, dass jede Veränderung der Menschen nur deshalb stattfindet, weil Veränderung Bewegung suggeriert? Vielleicht, weil ich einfach nicht hinnehmen will, dass also der Mensch gar nicht bereit ist, sich mit sich selbst und mit seinem Gegenüber auseinander zu setzen, sondern nur etwas zu tun bereit ist, was ihn durch Äußerlichkeiten als aufgeklärt, mündig und ‚gestanden' erscheinen lässt, was ihn durch Äußerlichkeiten als verantwortungsbewusst und mitfühlend erscheinen lässt", überlegte ich laut. „Vielleicht, weil ich mich eben nicht damit abfinden will, dass der Mensch nur deshalb bereit ist, sich zu bewegen, weil es ihm hilft, seinen inneren Stillstand zu vertuschen?"

Die ‚Antwort-Fragen' standen einen Moment lang so im Raum und warteten darauf, als Frage oder als Antwort akzeptiert zu werden… Da mir dies fruchtlos zu bleiben schien, versuchte ich, die Auseinandersetzung auf andere Weise wieder in Bewegung zu bringen: „Und? Besteht am Ende das Gute? Oder eher das Schlechte?"

Zunächst sah Sabrina mich so irritiert an, als erschiene ihr die Frage absurd. Aber dann verriet mir ihr süffisantes Lächeln, dass sie Spaß an dieser Frage gewonnen hatte. Also gab ich ihr alle Zeit, die sie brauchte, um ihre Antwort wohl abzuwägen und sagte nichts mehr.

„Nun, selbst wenn man am Ende das Gute bestehen lässt... Die Wunden aber bleiben – der Schmerz bleibt, ob man sich diesen nun eingesteht, oder ob er nur auf subtile Weise stets schwelt und über jede Empfindung und über jede Handlung ganz versteckt die Macht bewahrt..." Sabrina warf die Stirn in Falten und ahnte wohl, dass sie sich in der Abstraktion zu verheddern drohte, wenn sie nun die Konzentration verloren hätte. Ihr Gesichtsausdruck verriet, dass sie sich noch einmal neu sammelte: „Nicht das Schlechte als Einzeltat, wohl aber das Schlechte als Einzeleigenschaft, die eine bestimmte Form des Handelns immer wieder hervorruft und damit immer wieder Wunden schlägt – dieses Schlechte legt sich am Ende wie ein Schatten über alles hinweg. Unentrinnbar."

„Also... am Ende besteht das Schlechte?"

Sabrina zögerte einen Moment... „Nein... Das muss es nicht. Aber die Schatten bleiben!"

„D e n k s t Du, dass es so ist? Oder sprichst Du auch von D e i n e n Schatten?"

„Ich..." Nur für den Bruchteil einer Sekunde entdeckte ich bei Sabrina den Reflex, auszuweichen. Aber dann erinnerte sie sich wohl an unsere Vertrautheit miteinander: „Ich spreche auch von m e i n e n Schatten."

Innere Werte

Zwei Jahre später übrigens sollte ich Walter tatsächlich noch einmal wiedersehen – auf einer Party, die Sabrina bei uns daheim ausrichtete. Sie hatten ihre Projektarbeit erfolgreich abgeschlossen. Ein neues Projekt stand schon fest, und die neue Gruppe dazu hatte sich schon gefunden…
Sabrina fand es passend, als Projektleiterin der ehemaligen Gruppe auch diese Party auszurichten. Alle in der Projektgruppe waren auf ‚Du und Du‘ – und ich beschloss, mich da nun nicht verkrampft auszunehmen.

Walter ging auf den Balkon, um sich eine Zigarette zu rauchen. Ich folgte ihm – obgleich ich selbst nicht rauchte. Wie ich feststellen sollte, rauchte er Zigarillos. Und das nicht aus steuerlichen Gründen… Aber um das herauszufinden, musste man ihn beim Rauchen beobachten, musste man den Kult beobachten, den er mit diesen Dingern zelebrierte.
Walter sah über die Balkonbrüstung hinweg in die nicht allzu große Ferne. Denn so weit reichte der Ausblick nun auch wieder nicht. „Es freut mich, dass ich mich in Dir nicht getäuscht habe", sagte er unvermittelt.
„Was meinst Du?" fragte ich.
„Ich meine unser Gespräch von damals: Du hast ihr, so glaube ich, tatsächlich nichts erzählt."
„Aha? Wieso glaubst Du das?"
Er blies Rauch aus und sah mich dann an: „Nun, ich halte mich nicht für einen besonders guten Menschenkenner. Und Menschen sind auch mal so, mal so, in unterschiedlicher Tagesform eben – was sich unbestreitbar auch zwischenmenschlich auswirkt. Aber ich habe ja lange genug mit Sabrina zusammen gearbeitet – und sie ist nicht besonders gut im Schauspielen, oder bemüht sich gar nicht erst, Schau zu spielen… Jedenfalls hat sie sich nicht verändert, mir gegenüber. Sie ist weder abweisend geworden, noch vertrauter."
Ich legte den Kopf zur Frage schief.
Walter verstand es als Frage: „Also? So bin ich mir ziemlich

sicher, dass Du nicht gequatscht hast! Über unser Gespräch."

„Weshalb hätte ich quatschen sollen?"

Walter lachte. „Nein. Solltest Du ja nicht. Ich wüsste nicht, welchen Grund Du haben könntest, mit ihr darüber zu sprechen. – Außer… dass Du ihr gegenüber keine Geheimnisse haben wolltest. Es gibt Paare, die diesen Grundsatz vollkommen absolutistisch zur Grundsatzfrage des gegenseitigen Vertrauens und der Beziehung an sich machen…"

„Nun, ich denke nicht, dass ich das Vertrauen zwischen Sabrina und mir verletze, wenn ich ihr etwas nicht anvertraue, das jemand anders mir im Vertrauen erzählt. Nun, ausgenommen, es beträfe unmittelbar unsere Beziehung zueinander. – Und ich denke nicht, dass ich das Vertrauen zwischen Sabrina und mir verletze, wenn ich sie nicht damit belaste, sich nicht anmerken lassen zu dürfen, dass ich eben doch mit ihr darüber gequatscht habe… Obgleich es für sie nicht bestimmt war!"

„Hast Du etwas Zeit?" fragte Walter mich dann nach einer längeren Pause, die er stumm seinem Zigarillo gewidmet hatte. „… oder hast Du hier so quasi… gastgeberische Pflichten?"

„Hm…" Ich zuckte mit den Schultern. „Nur relativ", sagte ich, als die Balkontüre aufging. Der nächste Gast mit Lungenschmacht. Der nächste Steuersparer oder Kultraucher: Mit mäßigem Geschick nahm er sich lange Zeit, um sich eine recht dünne Zigarette zu drehen, die am Ende faltig und etwas krumm ausfiel.

Ich grinste: „Die i n n e r e n Werte zählen? Ist das auch Dein L e b e n s m o t t o ?"

Er hob die Zigarette und wog sie, zwischen Zeige- und Mittelfinger seiner linken Hand eingeklemmt, ein wenig, während er mich anschaute. Dann grinste er gutmütig zurück: „Und? Ist das ein schlechtes Lebensmotto?"

„Nein", antwortete ich mit ernster Miene. „Im Gegenteil."

Er grinste weiter und nickte bedächtig. „Ach, hast Du mal Feuer…" fragte er mit leicht zusammengekniffenen Augen vor sich hin…

„Ich… rauche nicht…" Ich wehrte mit der rechten Hand ab. Ich sollte lernen, dass er mit mir gar nicht gesprochen hatte:

„... Walter?" Ach so. Er meinte mich also gar nicht. Aber dann meinte er mich umso mehr, als er die rechte Hand etwas hob und, den Zeigefinger lässig auf mich gerichtet, mit der Hand auf und nieder wippte. „Walter! Was wollte der mir jetzt damit sagen?!"

Walter gab ihm Feuer. „Mach Dir keine Gedanken: Er hat nichts gegen Raucher! Er hat nur etwas gegen's Rauchen." Er klopfte seinem Kollegen auf die Schulter und schaute mich dann an: „Und? Was ist? Gehen wir mal ein Stück?"

Erstaunt wechselte der Blick des Neuankömmlings zwischen Walter und mir. Aber er sagte nichts. Ich war in diesem Moment ehrlich gesagt nur auf stumme Weise dankbar für Walters Geistesgegenwart.

„Ich komme gleich mal zu Dir", sagte ich dem Neuankömmling und leidenschaftlichen Selbstdreher. „Aber wir hatten gerade beschlossen, mal ein paar Schritte durch die Häuserzeilen zu kreuzen. Ist nicht so bekömmlich, den ganzen Abend nur zwischen Stehen drinnen und Stehen auf dem Balkon zu wechseln. – Versprochen: Ich hab gleich Zeit für Dich!" Ich machte mir nicht die Mühe herauszufinden, ob er das nun als Versprechen oder als Drohung auffasste.

„Und? Walter? Jetzt bin ich gespannt!" Der Tag dämmerte, als wir begannen, uns im Viertel die Füße zu vertreten.

„Ich möchte Dir gerne von einem jungen Mann erzählen, 26 Jahre alt, den ich... naja... kürzlich... kennengelernt habe."

„Erlaubst Du mir mal die Frage, w a r u m Du mir das erzählst?" wollte ich zuerst von ihm erfahren.

„Ne, ne, Du: Ich muss nicht – wenn's Dich nicht interessiert... wenn ich Dir damit auf die Nerven gehe!" wehrte Walter sogleich ab.

„Doch! Es interessiert mich. Aber ich verstehe nicht, weshalb Du ausgerechnet m i r das erzählst. Wir kennen uns doch eigentlich gar nicht."

„Naja, weißt Du... Du gehst eben vernünftig mit diesen Dingen um. Aber es ist natürlich schon etwas paradox, sich gerade mit Menschen darüber auszutauschen, die ohnehin offen dafür sind. Eigentlich müsste man sich mit solchen Menschen darüber unterhalten, die eben k e i n Verständnis dafür haben, die ablehnend eingestellt sind, die alles Andersartige torpedieren. Aber irgendwann hast Du einfach keine Lust mehr, es darauf anzulegen, anzuecken."

Ich habe keine Ahnung, ob ich lächelte oder grinste…

„Ja, weißt Du: Du hast ohnehin ein offenes Ohr dafür. Dir müsste ich es ja eigentlich gar nicht erzählen…"

„Doch, doch", fiel ich ihm eilfertig ins Wort., „wenn ich nichts hören wollte, dann hätte ich ja gastgeberische Pflichten vorschieben können. Aber es interessiert mich nun einmal, weshalb Du ausgerechnet m i r das alles erzählen möchtest!"

„Nun, man m u s s darüber reden!" drängte Walter. „Man muss es verbreiten. So allmählich ändert sich die Welt ja auch. Schließlich haben wir heute auch Frauenwahlrecht… heute können Homos heiraten… Es bewegt sich vieles, das man in früheren Zeiten für vollkommen undenkbar gehalten hat.

Ich muss Dir diese Geschichte erzählen, damit sich das Bewusstsein fortträgt, dass es nicht Vergangenheit ist, sondern Gegenwart. All das geschieht heute noch immer! Und mitten unter uns!"

„W a s ist Gegenwart?" wurde ich nun allmählich ungeduldig.

„Die Geschichte dieses jungen Mannes schien meiner eigenen nicht unähnlich – aber dann erzählte er mehr von sich…"

„Glaube mir", versuchte ich Walter nun endlich zu bewegen, zu erzählen, „ich bin nicht der Meinung, dass Deine Geschichte eine Geschichte von gestern ist!"

Wir gingen lange stumm nebeneinander her. Und ich weiß nicht, ob Walter mit sich rang, ob er mir das nun wirklich erzählen sollte, oder ob er sich einfach nur sammelte…

Die Liebe einer Mutter

… und Walter begann zu erzählen.

Die Geschichte dieses jungen Mannes beginnt mit einer Mutter, die schon dem kleinen Kind zwar viel zeitliche Aufmerksamkeit widmete, aber wenig emotionale Nähe. Eine problematische Schwangerschaft und ein Kind, für das die Mutter keine Milch hatte, waren wohl schon gewisse Anzeichen einer Ablehnung: Dieser Sohn war kein Wunschkind, sondern ein Zweckkind, das ihr den Grund lieferte, ihren Beruf aufzugeben und daheim bei dem Kinde zu bleiben.

Der Mann war nie der Mann ihrer Träume. Was ihn attraktiv für seine Frau machte, war das aufzehrende Begehren, das er seiner Frau entgegen brachte. Und sein gutes Einkommen…

Der kleine Junge lernte also quantitative Aufmerksamkeit zu verwechseln mit dem, was die Mutter verbal ‚Liebe' nannte. Nähe stahl er sich, indem er sich an die Mutter klammerte – die die Nähe nur beantwortete, wenn andere mit anwesend waren…

„Wenn meine Mutter mit mir allein war, dann hatte sie immer irgendetwas zu tun. Ich war ihr stets lästig. Wenn ich auf ihren Arm oder auf ihren Schoß wollte, dann waren andere Dinge wichtiger und gingen vor", so erzählte mir der junge Mann, den ich auf einer SM-Party bei der Dame kennenlernte, bei der ich meinen Leidenschaften mehr oder minder regelmäßig nachgehe.

Als ich in der vierten Klasse war, da begann meine Mutter, sich bei der Kirche zu engagieren. Damit entfloh sie nicht nur der reinen Rolle als Mutter und Hausfrau, sondern gelangte auch gesellschaftlich in andere Kreise. Alsbald war sie auch im Tennisverein. Und so hatte sie schließlich wenig Zeit für mich und auch für ihren Mann.

Als Jugendlicher stahl ich mir die Nähe meiner Mutter dann zusammen, indem ich in ihre Unterwäsche schlüpfte. Wenn ich schon nicht ihre Aufmerksamkeit erringen konnte, dann konnte sie mich aber auf diese Weise nicht daran hindern, mir eine geheimnisvolle Nähe zu ihr zu klauen. Als ich vierzehn Jahre alt war, da kam sie früher Heim als von mir erwartet – und erwischte mich eiskalt. Wahrscheinlich hätte meine Mutter so oder so hysterisch reagiert – aber nun trug ich zu allem Überfluss auch noch das Torselett, das meine Mutter zur Hochzeit getragen hatte. ‚Nein!! Was fällt Dir ein?!' kreischte sie mich an – und gab mir mit der flachen Hand eine so derbe Ohrfeige, dass es in meinem Ohr dumpf schäpperte und der Kopf anschließend dröhnte. Mit einem zornigen ‚Na–warte!' verließ sie das Zimmer – und wie gelähmt wartete ich – und kam umgehend mit einem Schirm zurück. Es war wohl das Erstbeste, was ihr in die Hände gefallen war: Ein Schirm, der ihr solide genug erschienen sein muss, weil er einen Holzstiel hatte. Wahllos drosch sie auf mich ein. Der erste Hieb traf mich am Kopf. Blitzartig riss ich die Arme hoch und schützte meinen Kopf, beugte mich vor und wandte meiner Mutter den Rücken zu. Die aber schlug ebenso wahllos weiter, unter Schreien, Zetern und Schimpfen. Sie hieb schließlich so oft und so derb auf meinen Rücken, dass der Schirm dabei zerbrach.

Mit vierzehn Jahren überragte ich zwar meine Mutter, aber weder traute ich mir körperlich großartig etwas zu, noch hatte ich den Respekt vor meiner Mutter so weit verloren, dass ich mich hätte wehren können. – Und ehrlich gesagt hoffte ich in diesem Alter noch immer, von ihr e i n - m a l echte Zuneigung erlangen zu können. Die bekam ich dann auch… auf eine vollkommen unerwartete Weise, die meine sexuellen Neigungen wesentlich mitprägen sollte…

Zunächst verbot mir meine Mutter energisch, die Wäsche auszuziehen – und verließ das Zimmer. Die Tür knallte hinter ihr. Aber sofort stieß sie die Türe wieder auf und giftete mich an: „Ach, wenn ich Dich hier so alleine lasse, dann spielst Du sowieso nur… an Dir herum! Wenn Dich das Frausein so fasziniert, dann kannst Du auch gleich mal Hausarbeit machen!"

Ich musste das gesamte Geschirr und Besteck, das sich im Geschirrspüler angesammelt hatte, wieder heraus holen und mit Hand abspülen, während sie sich Bügelwäsche in die Küche holte. So konnte sie mich die ganze Zeit im Auge behalten.

Dann fuhr ein Auto vor: Mein Vater kam nach Hause. Plötzlich dämmerte mir die Hinterlist meiner Mutter: I c h hatte meinen Vater erst zum Wochenende zurück erwartet – aber sie wusste, dass er schon an diesem Donnerstag nachmittag kommen würde. Ich a h n t e ja nicht, was ihr tatsächlich so vorschwebte...

Meine Mutter nahm sich ein Handtuch, trocknete mir die Hände ab und nahm mich fest in ihre Arme. Dann wartete, sie, bis mein Vater in die Küche kam, um sie zu begrüßen. Kaum dass er zur Türe herein war, da strahlte sie meinen Vater theatralisch an: „Schau mal! Deine Tochter! Ist sie nicht süß?!“ Meine Mutter küsste mich auf die Wange. Dann griff sie mit einer Hand nach den Körbchen des Torseletts und toppte ihre Bissigkeit: „Nur Brust hat sie noch wenig für ihr Alter...“ Sie ließ mich los und schob mich unter hysterischem Lachen meinem Vater entgegen.

„Ach“, raunte mein Vater verächtlich, „s o einer wirst Du jetzt also. Und ich hatte gehofft, aus Dir würde jetzt allmählich mal ein richtiger M a n n !“ Eine kurze Pause brauchte er, um mit wütend bebender Brust zweimal zu atmen. Dann sagte er noch: „Wäre besser gewesen, wenn Du gleich ein Mädchen gewesen wärst. Damit hätte ich leben können...“

Da kochten in mir Zorn und Verzweiflung zugleich auf. Dieser Vater, der mit Floskeln der Männlichkeit stets versucht hatte, aus mir einen „richtigen“ Jungen zu machen. Dieser Vater, der selbst Männlichkeit nur in Sprüchen und Ritualen vorzuspielen wusste, und dieser Vater, dem es ein Symbol der Männlichkeit war, seine Frau nicht arbeiten „schicken“ zu müssen – der aber andererseits zähneknirschend meiner Mutter Freiheiten durchgehen ließ, die ihn in Wahrheit wütend und eifersüchtig machten... dieser Vater hatte mir g a r n i c h t s zu sagen. In einem hilflosen Angriffssturm schwang ich mich mit zitternder Stimme zu erstem und ernstem Widerstand auf: „Was willst D u mir denn von Männlichkeit erzählen? Wann hast Du denn das letzte Mal…"

„Waaaas!?" brüllte mein Vater.

„Mit Deiner Frau geschlafen?!" brüllte ich zurück.

Mein Vater lief puterrot an. Er stieb wutschnaubend mit drei Stechschritten auf mich zu und setzt mir eine so heftige Ohrfeige, dass mir das Trommelfell platzte.

Sogleich flog mit der anderen Hand die zweite Ohrfeige hinterher. Mir wurde schwarz vor Augen. Ich taumelte zur Seite, schlug gegen die Wand, die ich nicht mehr sah, und konnte mich nicht mehr auf den Beinen halten. Ein gellendes Pfeifen im Ohr und ein stechender Schmerz im Ohr machten mir plötzlich mehr Angst als der Vater, der kurz davor stand, vollkommen außer Kontrolle zu geraten.

„Nein, lass den Jungen in Ruhe!" hörte ich meine Mutter in der Ferne schreien.

„Haaaaah! Mach Dir keine Sorgen: Ich schlage keine Weiber!" brüllte er. Dann zog er vom Spielfeld ab.

Meine Mutter hockte sich neben mich, hielt meinen Kopf sanft mit beiden Händen… Plötzlich war sie da. Plötzlich ging es doch…

„Dein Ohr… blutet…" stammelte sie dann. Ich hörte es unter dem Schatten des Pfeifens.

„Junge! Hörst Du mich?"

„Ja, Mama. Aber es ist so ein Lärm, dieses Pfeifen. Und das Ohr tut so weeeh!" stammelte ich. Allmählich verflogen die Benommenheit und das Schwindelgefühl.

„Junge, wir müssen damit zum Arzt! Ich weiß nicht… vielleicht ist es das Trommelfell…" ‚Ach', dachte ich nur bei mir, ‚nun also bekommt sie Angst!' „Aber wehe, Du sagst dem Arzt, wie das passiert ist!" drohte meine Mutter.

„Was soll ich denn sagen? Der Arzt wird doch fragen, wie das passiert ist!"

„Das ist mir egal!!" giftete sie mich an. „Denk Dir was aus. Meinetwegen eine Rauferei mit anderen Jugendlichen. Aber Vater stellst Du nicht bloß. Schließlich hängt an Vaters Ansehen auch u n s e r Leben. Du führst ja auch ein hübsches Leben von seinem Einkommen. Dann sieh Dir mal manche Deiner Mitschüler an, dann weißt Du schon, was ich meine..." Meine Mutter sah mich von oben herab an und setzte dann spitz nach: „Und willst Du denn etwa auch noch erzählen, was Deinen Vater so in Rage gebracht hat?! Tu' mir d a s nicht an, mein Junge!"

Im Alter von siebzehn Jahren hatte ich es mit der Heimlichkeit und dem Nervenkitzel so weit getrieben, dass ich eines Sonntags sogar zum Mittagessen Unterwäsche von meiner Mutter angezogen hatte, darüber dann normale Alltagskleidung. Es war Winter, ich trug einen dicken Wollpullover, der eine gute Tarnung darstellte. Die Erregung in meiner Hose verbarg der Pullover. Eine gewisse Erregung aber, die ich sehr wohl als Wärme in den Wangen selbst spürte, strahlte mein Gesicht aus. „Junge, was ist mit Dir?" Ich zuckt mit den Schultern: „Weiß nicht? Was denn?" Und sie kam auf mich zu und legte ihre Hand auf meine Stirn: „Hast Du Fieber?" Dann strich sie noch, was zweifelsohne wie eine Kontrolle meines vermeintlich heißen Kopfes wirken sollte, mit beiden Händen wahrhaftig zärtlich über meine Wangen. Sie diagnostizierte nichts – und entdeckte nichts.

Als ich das Abitur gemacht hatte, da war zum Abschlussabend noch Friede, Freude, Eierkuchen. Nun ja, was man bei uns eben so Frieden nannte – und die Etikette der heilen Familie. Sie kam gemeinsam mit meinem Vater in Galaaufzug zum Abschlussball – und weckte mich am nächsten Morgen mit der Botschaft, dass ich bis mittags Zeit hätte, meine Sachen zu packen.

Kurz nachdem ich rausgeflogen war, hat meine Mutter sich von meinem Vater getrennt und ist dann fast anderthalb Jahre später, so praktisch unmittelbar nach der Scheidung meiner Eltern, mit einem Arzt zusammengezogen – der sich ebenfalls frisch hatte scheiden lassen. Diesen Arzt hatte sie beim Tennis kennengelernt – und mir dämmerte so allmählich, dass weder ihr soziales Engagement, noch der Sport meine Mutter plötzlich so hatten aufblühen lassen…

Und ich begriff, w i e sehr ich richtig lag, als ich meinen Vater angebrüllt hatte, wie lange es eigentlich her sei, seit er das letzte Mal mit meiner Mutter...

Hey, das musst Du Dir mal reinziehen, was da abgeht! Der neue Typ meiner Mutter hatte eine ehemalige Kommilitonin geheiratet, für die er eine Anstellung bei demselben Krankenhaus arrangiert hatte, an dem er selbst arbeitete – überleg mal: w ä h r e n d er schon mit meiner Mutter pimpert! – und schon auf dem besten Wege zum Chefarzt war. Ein junger und erfolgsverwöhnter Arzt, der sich auf Krebs spezialisiert hatte und da auch forschte. Bekommt drei Kinder mit seiner Frau – und haut dann in den Sack, als meine Mutter endlich frei ist.

Mit weit aufgerissenen Augen, mit offenem Mund und mit dem rechten Arm erhoben, die rechte Hand mit leicht gespreizten Fingern an der hohlen Hand, als ob er ein Gefäß bilden wollte, beschwor er stumm den Äther, ihm eine Antwort zu geben, sah mich dabei an und stammelte schließlich: „Ey... das... iss nich... w a h r!"

Es ist immer eine Frage der Betrachtungsweise: Diese Affäre hatte also für die eine Seite eine bilderbuchartige Auflösung gefunden. Aber vielleicht war es auch die letzte Möglichkeit, die dem glücklosen Arzt blieb – falls dessen Frau von der Affäre erfahren und ihn vor die Tür gesetzt hatte... Wer weiß? Vielleicht wäre es ja für diesen Arzt auf Dauer weiterhin die attraktivere Variante gewesen, die eine Frau für die Familienidylle zu haben, für das gesellschaftliche Ansehen des erfolgreichen Arztes und verantwortungsbewussten Vaters dreier Kinder... und die andere für den Spaß?

Die Fassungslosigkeit dieses jungen Mannes jedenfalls konnte wohl nur s e i n e Rolle in einem wirklich bösen Spiel umschreiben...

Ganz normale Leute

„… Freunde boten ihm mal hier für einige Tage und mal dort für zwei Wochen ein Ersatzzuhause, bis er das Studium aufnahm und somit ohnehin fort zog. Ein deutlich älterer Freund hatte einen Anwalt in seiner Familie. Und so war es wenigstens für ihn ein Leichtes, von seinem gut verdienenden Vater den Unterhalt zu bekommen, der ihm zustand."

„Ende gut, alles gut?" fragte ich, „oder was willst du damit sagen?"

„Nein", antwortete Walter, „sondern: Hätte er nicht die richtigen Freunde gehabt, dann hätte es auch ganz flink bergab gehen können für ihn. D a s will ich damit sagen…"

Wir hatten noch ein gutes Stück zu laufen, als Walter mit der Geschichte dieses jungen Mannes zuende war. Nachdem wir gemeinsam und stumm genossen hatten, dass wir beide und unabgesprochen einen zügigen Schritt bevorzugten, entschloss ich mich, nun meinerseits Walter etwas zu erzählen…

„Dort, wo ich wohnte, bevor ich bei Sabrina einzog, gab es eine kleine Familie: Eine alleinerziehende geschiedene Mutter mit ihrer Tochter und ihrem Sohn. Als ich dort auszog, war der Bursche gerade sieben Jahre alt, die Tochter dreieinhalb."

„Kanntest Du die näher?" fragte Walter. Ich muss zugeben: Mir ging erst später auf, dass Walter vermutlich mit ‚d i e' die Mutter meinte… Aber egal.

„Den Jungen, ja! Als der Junge fünf war", antwortete ich, „wurde er kontaktfreudig. Das ging an einem Sonntag nachmittag so weit, dass er mich, als ich mich zu einem Spaziergang aufmachte, frei heraus fragte: ‚Wo gehst Du hin?' ‚Ich gehe in den Wald', antwortete ich. Und er: ‚Soll ich mitkommen? Dann bist Du nicht so alleine!'" – Walter lachte kurz.

„Allein war e r", erzählte ich weiter. „Er saß auf der Treppe, das Kinn auf seinen Armen aufgestützt, und starrte scheinbar ins Leere. Dafür hatte er eine Erklärung. Als ich ihn fragte, ob er denn einfach so weggehen könne, da sagte er mir: ‚Ja, ich mach ja nichts Wichtiges.' ‚Ach?' war ich erstaunt: ‚Was machst Du denn gerade?' ‚Weil ich ja keinen zum Spielen hab, schau ich der Zeit beim Umgehen zu, bis ich wieder rein muss.'"

„Für so piefige fünf Jahre war das eine verdammt pfiffige Erklärung, weshalb er allein auf der Treppe saß", stellte Walter anerkennend fest und lachte zaghaft..

„Ich fragte den Jungen nun, wie lange er denn draußen sein dürfe und hoffte auf eine simple Rettung für meinen Waldspaziergang. ‚Um sechs', sagte er, ‚das ist, wenn die tiefen Schläge von der Kirchenuhr sechs Mal kommen! Die hohen Schläge sind immer nur eins, zwei, drei oder vier. Die sind nicht wichtig!'

Ich staunte nicht schlecht. Dennoch war ich der Meinung, wir sollten mal seine Mutter fragen, ob die denn auch damit einverstanden sei, wenn ich ihren Sohn in den Wald entführte.

Aber er wusste eilfertig: ‚Die hat nichts dagegen, wenn ich um sechs wieder da bin!'

Nun, ich dachte aber schon, dass es besser sei, die Mutter wenigstens mal zu fragen. Dieser kleine Pimpf teilte meine Meinung in dieser Angelegenheit gar nicht. Und die Mutter, sorglos, wenn sie den Jungen bei mir wusste – obgleich wir nur flüchtig als Nachbarn voneinander wussten, nicht mehr – gab ihm dann Ausgang bis um sieben. Es half nichts: Nun hatte ich den Jungen unabänderlich an der Backe.

Nach dieser kleinen Unterredung mit der Mutter war mir dann der Junge noch etwas näher bekannt: ‚Jean-Pierre heißt er?' Und Freude strahlend verkündete die Mutter des Jungen: ‚Ja! Ich l i e b e französische Namen!' Sie nannte mir auch noch den Namen ihrer Tochter und strahlte glückselig, stolz auf sich selbst. – Der Vater der Kinder habe sich um die Wahl der Namen nicht gekümmert. Es sagte mir zwar einiges über den Vater der Kinder. Aber ich stieg nicht weiter darauf ein, sonst hätte ich wohl meinen, nein, ‚unseren' Waldspaziergang an den Nagel hängen und gleich bei der Nachbarin auf eine Tasse Kaffee bleiben können…

Als wir im Wald waren, gestand der Junge mir, dass er Wald nur von den gelegentlichen Waldtagen kannte, die der Kindergarten ab und zu mit den Kindern unternahm. Seine Mutter ging mit den Kindern nicht allein in den Wald, weil sie Angst hatte vor dem Wald – und der Vater tat es nicht, weil er keine Lust dazu hatte.

Und so entstand von diesem Tage an eine merkwürdige Freundschaft zwischen uns beiden. Ich nahm ihn dann öfter mit in den Wald.

Eines Sonntags morgens ging um neun meine Klingel. Der kleine Bursche stand vor meiner Wohnungtüre. ‚Darf ich zu Dir rein?' flüsterte er. Er kam mir nicht gelegen, aber ich hätte dem Jungen auch nicht mit Ehrlichkeit sagen können, ich hätte keine Zeit: Dieser Sonntag war für mich einfach nur freie Zeit, ohne Verpflichtungen, ohne Verabredungen, ohne Pläne. Also bat ich ihn herein.

‚Dann muss ich erst die Wohnungstüre zu ziehen…' Da fiel mir auf, dass der Junge nur einen linken Hausschuh trug; mit dem rechten Fuß lief er auf der Socke. Ich hörte, wie er eine Etage tiefer die Wohnungstüre ganz leise ins Schloss zog… und nun mit beiden Hausschuhen an den Füßen zurück kam.

Ich wunderte mich, dass er eine so große Geduld mit dem Frühstücken hatte. Andererseits aber erzählte er, und erzählte, und stellte Fragen über Fragen. Ich kam überhaupt nicht dazu, von mir aus einmal viel zu sagen. Sondern ich hatte nur Gelegenheit etwas zu sagen, wenn er von mir etwas beantwortet haben wollte.

… und dann, unvermittelt, nach einer Pause, die er selbst mit Schweigen gefüllt hatte, und die i c h nutzte, um einmal Atem und Gedanken zu holen…

‚Gestern habe ich wieder den Gürtel bekommen…' sagte er, den Blick vor sich hin starrend auf die Tischkante gerichtet.

Ich war sprachlos. Aber genau j e t z t durfte ich nicht sprachlos sein.

‚Du hast… w a s ?' stammelte ich.

‚Ich war gar nicht mehr lieb. Ich hab den Gürtel bekommen. Aber…' sagte er mit vorgewölbter Unterlippe, um dann plötzlich umzuschalten: Er sah mich keck an und sagte vergnügt: ‚Aber jetzt bin ich wieder lieb!'

‚Jean-Pierre, was erzählst Du da?' hakte ich nach. Ich konnte es nicht fassen, was ich da zu hören bekam. ‚Was heißt das: Du warst nicht lieb?'

Und dann erzählte er ganz nüchtern und sachlich, so als beträfe es ihn gar nicht. Immer, wenn sie – also er genauso wie seine jüngere Schwester – ganz unartig seien, dann bekämen sie mit dem Gürtel ein Tracht Prügel von der Mutter. Sie benutzte dafür einen ganz normalen Hosengürtel."

„Hey!" unterbrach Walter mich: „Was erzählst Du da? In heutigen Zeiten?"

„Ja. In heutigen Zeiten. Lass es nun vier… fünf Jahre her sein. Nicht mehr."

„Und? – Was hast Du gemacht", drängte Walter.

„Nichts. Nichts habe ich gemacht. Ich habe dem Jungen ein offenes Ohr geschenkt – und Zeit, wann immer ich konnte und er wollte. – Was sollte ich tun?" fragte ich schließlich.

„Ja. Keine Ahnung. Jugendamt. Oder mit der Mutter zumindest mal reden. Ich weiß es nicht. Sie d a r f es nicht. Die Zeiten sind vorbei in Deutschland!"

„Was willst Du tun? Jugendamt? Für die steht der Erhalt der Familie an erster Stelle. Und wahrscheinlich ist das so, weil Du so viele Pflegeeltern gar nicht zur Verfügung stehen hast, wie Du brauchst um alle verlorenen Kinder dieser Gesellschaft mit Ersatzeltern zu versorgen. Die Frau war doch vollkommen unauffällig. Wenn die mal alle zwei, drei Monate ihre Kinder mit dem Hosengürtel geprügelt hat, und wenn sie doch ansonsten so lieb zu ihren Kindern war – was hätte ein Jugendamt denn da schon gemacht!?

Und mit dieser Frau reden? Sie war heillos überfordert von ihren Kindern. Ihr Selbstbewusstsein bezog sie aus Äußerlichkeiten und der stummen gesellschaftlichen Akzeptanz, die sie als Anerkennung auslegte. Eine natürliche Autorität besaß sie nicht. Seine Schwester war ja nur lebhaft. Aber der Junge hatte außerdem tausend Fragen an diese Welt, von denen die Mutter kaum eine beantworten konnte."

Walter unterbrach mich. „Was denn für Fragen? Was fragt denn schon ein Sechsjähriger, was eine Mutter nicht beantworten kann?"

„Ach, was ein wissbegieriger Junge eben so fragt. Fragen zur

Ritterzeit. Fragen über Bäume, über Tiere im Wald. Weshalb ist der Mond dunkler als die Sonne, wenn er aber doch größer aussieht. Weshalb ist der Mond nur manchmal da. Konnten die Astronauten besser auf dem Inneren der Sichel landen, oder besser auf dem Vollmond?"

„Ja, aber einem Sechsjährigen", wandte Walter ein, „kann man doch noch Antworten geben…"

„Der Junge sagte mir mal: ‚Weißt Du, was ich an Dir so toll finde? Du hast immer Antworten!' Das fand ich komisch. Und so erfuhr ich dann von dem Jungen, dass sein Vater auf fast gar nichts antworten konnte, was ihn interessierte. ‚Mein Vater interessiert sich, glaube ich, nur für Sport und Autos', sagt der Junge mir. Von seiner Mutter redete er erst gar nicht. – Aber ich muss nun zugeben: Der Bursche hatte Fragen auf Lager, für die sogar i c h schon mal recherchieren musste." Walter lachte. Und ich weiter: „O.k., ein Beispiel. Du kennst dieses Bild eines amerikanischen Präsidenten mit einem Zylinder auf dem Kopf, der die amerikanische Flagge zeigt. Slogan: We want you for the army! – ‚Wer ist das?' fragt der Junge. Und nun?"

„Ja, ein amerikanischer Präsident ist das. Und nun?" Walter war schnell damit fertig.

„Ja. Aber nun sagt Dir der Bursche: ‚Wie kann das denn ein so wichtiger Mann sein, wenn der doch aussieht wie ein Clown?!' – Und nun! Da habe ich auch erst einmal suchen und blättern und nachschlagen müssen."

Walter lachte wieder: „Na, jetzt hast Du mich aber auch neugierig gemacht. Mach mich schlauer!"

„Es war Lincoln, der mit seinem Konterfei und diesem Slogan für den Sezessionskrieg Soldaten anwarb. Und dieses Motiv hat man im Vietnam-Krieg wieder aufgegriffen, weil der Sezessionskrieg im amerikanischen Geschichtsbewusstsein als gerechter Krieg einen festen Platz hat! – So einfach kann Propaganda in einer Demokratie funktionieren."

„Selbst eine Demokratie hat manchmal politische Ziele, die denen eine Diktatur ähneln – sie bedient sich dann derselben politischen Mittel, lediglich nach anderen Spielregeln. – Aber mal zurück zu dem Jungen…" sinnierte Walter.

„Ja, zurück zu dem Jungen", sagte ich: „Was hätte ich mit der Mutter besprechen sollen? Du bist nur Außenstehender. Du kannst ja gar nicht mitreden. Du hast den Jungen ja immer nur mal für ein paar Stunden um die Ohren... Und so weiter. Unter dem Strich hast Du Dich eben rauszuhalten, weil Du ohnehin keine Ahnung hast. Und in der Konsequenz hätte der Bursche mich dann nicht einmal mehr als Freund und Kummerkasten gehabt, wenn ich ihn auf diese Weise an die Wand genagelt hätte. – Wenn ich zu dem Zeitpunkt nichts tat, dann sollte das nicht heißen, dass ich gar keinen Einfluss würde nehmen wollen. Aber ich konnte auch keine Lösung über's Knie brechen."

Mitten unter uns

Walter schwieg einen Moment. Dann mumerlte er, dass es schwer verständlich war: „Jaah… Wahrscheinlich ist es nicht immer leicht, den richtigen Weg für beide Seiten zu finden…"

„Was meinst Du mit ‚beiden Seiten'?" hakte ich nach. „Die Interessen der Eltern sind doch wohl die letzten, auf die man Rücksicht nehmen kann, wenn es um Gewalt gegen Kinder geht!"

„Nein, nein", wehrte Walter ab, schaute auf, steuerte im Gehen rechts und unterbrach sich selbst: „Ach, wir sind ja schon praktisch da!" Von der Straßenecke aus konnte man das Haus schon sehen, in dem wir wohnten. Aber ich wedelte lapidar mit meiner linken Hand – die ich dafür aus der Hosentasche bemühte – halb links und bemerkte: „Lass uns noch einen Bogen um den Block schlagen…"

Walters Kopfnicken ging unter, indem er übergangslos seine Rede fortsetzte: „Die Eltern sind wohl kaum schutzbedürftig. Schutzbedürftig sind die Kinder – das ist die eine Seite, die ich meine. Die andere aber ist eine Gesellschaft, die erwartet, dass man einschreitet. Eine Gesellschaft, die Gesetze erlässt – und damit jeden Einzelnen mitschuldig macht?"

Während Walter den Weg im Auge hatte, sah ich ihn an und fand ein gedankenverlorenes Profil vor. „Ah?" fragte ich, „Du meinst… Ich hätte einschreiten müssen? Du meinst… meine Abwägung war falsch?"

Ich sah ihn schließlich nicht mehr an. Es dauerte zu lange, bis eine Antwort kam.

„Nein", begann Walter zögerlich, „eigentlich sinniere ich nur über die Schwierigkeit des gesellschaftlichen Wandels. Oder über Zivilcourage? – Keine Ahnung."

„Walter – entschuldige – wir können meinetwegen auch noch drei Runden um drei andere Blocks laufen. Aber vielleicht wäre es einfacher, wenn Du mal auf den Punkt kommst."

Walter sah mich an, während unsere Füße uns weiter vorwärts trugen. Er grinste schief: „Du erinnerst mich an meine

Frau. Aber… Du hast Recht: Ich bin gerade nicht besonders…
kommunikativ."

Dann ging er noch einen Moment schweigend neben mir her.
Auch i c h sagte nun nichts mehr, weil ich ihn nicht weiter
drängen wollte. Nein, mehr noch: Ich fand mich gerade damit
ab, dass dieses Thema offen bleiben würde, weil Walter keine
Worte finden würde, ehe wir zurück wären – und ich wollte
dann auch nicht mehr länger davon reden. ,Wovon eigentlich?'
fragte ich mich – hatte Walter doch offenbar irgendein neues
Thema im Kopf, dass mir noch gar nicht bekannt war.

Und dann begannen unerwartet die Worte aus Walter her-
vorzusprudeln, als hätte man eine Ölquelle angebohrt…

,,Weißt Du, heute wird immer wieder die Frage aufgeworfen,
weshalb das Volk selbst nicht das Nazi-Regime verhindert habe.
Da werden Vorwürfe von einer Gesellschaft erhoben, die sich
gar nicht vorstellen kann, wie weit die Gewalt in den Straßen
von früher Stunde an ging – schon weit v o r 1933. Da wird
gefragt, weshalb Nachbarn es geduldet haben, dass Nachbarn
abgeholt wurden und verschwanden. Aber niemand macht
sich bewusst, dass schon F r a g e n gefährlich waren. Da wird
gefragt, weshalb eine ganze Gesellschaft keine Fragen gestellt
hat, wo diese Menschen blieben. Aber eine Gesellschaft fragt
das, die mit weitestgehend freien Medien groß geworden ist.
Eine Gesellschaft fragt das, die zumindest Fragen stellen darf.
– Welche Antworten darauf gegeben werden, oder ob überhaupt, das will ich jetzt gar nicht diskutieren.

Auf der politischen Bühne taucht immer mal wieder die Frage
auf, weshalb die SPD damals das Ermächtigungsgesetz nicht
verhindert habe. Aber dieselben Politiker, die das fragen, wenn
sie es gerade für ihre Zwecke gut einsetzen können, lassen
sich aus der Wirtschaft bezahlen für Abläufe, die mit einer
parlamentarischen und aus dem Volk gewählten Demokratie
nichts zu tun haben. Und sie machen sich kein Bild davon, was
es bedeutet, wenn ein Regime vom Terror getragen wird.

Eine Gesellschaft stellt diese Fragen, die um die permanente
Androhung von Gewalt zumindest theoretisch weiß! Die deshalb diesen Aspekt ja zumindest einmal mit berücksichtigen

könnte. Aber Gewalt scheint so fern zu sein – heute.

Und diese selbe Gesellschaft ist es, die nicht in Lage ist, die Gewalt zu verhindern, die in den Grenzen des eigenen Geheges tobt. Dieselbe Gesellschaft kniet respektvoll nieder vor der Privatsphäre des anderen, nur um nicht sehen zu müssen, wie nah ihr das Undenkbare ist. Dieselbe Gesellschaft appelliert an die Zivilcourage und ruft gleichzeitig aus: ‚Stell keine Fragen!' ‚Misch Dich nicht ein!' ‚Es geht Dich nichts an!'

Und das sind nicht nur die alten Böcke, die vielleicht ein bestimmtes System zementieren wollen. Das sind auch junge Menschen, die in der Schule oder Uni über Hitler diskutieren, über Nicaragua oder China. Junge Menschen, die davon überzeugt sind, dass man sich solchen Regimes entgegenstellen müsse… und die nicht in der Lage sind, etwas gegen die Gewalt in ihrer unmittelbaren Umgebung zu tun."

„Walter!" unterbrach ich seinen Monolog: „Wirst Du mal konkreter? Ich denke doch, über diese Allgemeinplätze sind wir uns einig…"

„Konkreter?" fragte Walter – und sah mich erstaunt an. „Nimm den kleinen Jungen, den Du kanntest. Das ist doch Gegenwart! Das ist doch gar nicht so lange her! Die Abwägung, die Du getroffen hast, wäre auf jedem Jugendamt auch getroffen worden. Und die meisten Eltern hätten Deine Einmischung dann wahrscheinlich auch ungehörig gefunden.

Aber was geht tatsächlich in diesem Jungen vor? Danach fragt doch keiner. Oder… kaum einer. Und was wird für ihn bleiben? Was nimmt er davon lebenslänglich mit? – Und wie wird es für ihn weitergehen?"

„Okay", wandte ich ein, „was also hätte ich Deiner Meinung nach tun sollen? Diese kleine Familie und diese alleinerziehende Mutter waren nach außen hin vollkommen unauffällig. Und so häufig kam das wohl auch nicht vor – das will ich mal annehmen, denn der Junge war mir nahe genug gekommen, um ehrlich zu sein. – Die Jugendämter sind schon heillos überfordert mit den Fällen, in denen es wirklich um heftigen Missbrauch geht. Außerdem ist auch insgesamt in der Gesellschaft die Akzeptanz noch viel zu groß für eine gewisse Gewalt in der Erziehung: Noch immer wird viel zu oft im Zweifelsfall Partei für die Eltern ergriffen!"

Walter fasste mich am Ärmel und hielt mich zurück. Ich blieb also stehen und sah ihn an. Und e r sah mich an, während er mit seinem rechten Zeigefinger an dem Haus hinauf zeigte, vor dem wir nun standen: Wir waren zurück, die Runde war beendet, ich griff bereits nach meinem Schlüsselbund…

Walter sprach sehr leise, fesselte mich aber mit seinem eindringlichen Blick: „Was wäre, wenn in der Wohnung über Euch oder neben Euch ein Bursche von achtzehn Jahren lebte, kurz vor dem Abitur. Vielleicht will er anschließend studieren. – Und Du weißt, dass der Vater ihn missbraucht… Was machst Du dann?"

„Walter. Worauf willst Du hinaus?" Ich hauchte es fast nur. Fordernd, aber beinahe geflüstert, denn dieses Gespräch fand mir einfach zu nahe an der eigenen Wohnung statt „Ich weiß es nicht, was ich dann machte! Das kommt doch ganz auf die Umstände an! Also: Wovon redest Du?"

„Dieser junge Mann, von dem ich Dir eben erzählt hatte, der hat erst kürzlich jemanden kennengelernt… Ach, Quatsch. Das ist zu viel gesagt. Er hat über ein Internet-Forum genau dieses von einem jungen Mann erfahren. Der Vater missbraucht ihn nicht nur, sondern er zwingt ihn auch, es sich von anderen Männern gefallen zu lassen, die der Vater anschleppt. – Nun kann man natürlich nur spekulieren, weshalb er sich das gefallen lässt: Spielt Gewalt eine Rolle? Gewaltandrohung gegen den Sohn? Oder sind es wirtschaftliche Erwägungen, weil der junge Mann sich den Start in ein Leben nicht versauen lassen will, das er sich wie auch immer ausgemalt hat?" Walter zog die Schultern hoch: „Keine Ahnung, was da alles eine Rolle spielt…"

„Internet? Für wie glaubwürdig hältst Du diese Geschichte?" fragte ich.

Walter zog nur fragend die Brauen hoch.

Und ich sprach den Grund meines Zweifels aus: „Nun, in den Foren meldet man sich unter einem Pseudonym an. Da kannst Du alles reinschreiben!"

„Ja. Sicher. Mögen auch Zweifel bleiben… Aber es ist genau dieses Pseudonym, hinter dem man sich verstecken und trotz der persönlichen Betroffenheit das Unsägliche ausformulieren kann. – Ich hatte dieselben Zweifel geäußert, glaube mir. Aber mein Bekannter ist der Meinung, dass es über einen zu langen Zeitraum und mit zu vielen Fragen und Antworten schlüssig eine Situation abbildet, die er nicht für fingiert halten kann. Vielleicht ist es wirklich gerade die Anonymität, die diesem Jungen hilft, sich überhaupt mal öffnen zu können.

Aber ich wollte ja auf etwas anderes hinaus! Nun denke Dir diese Sache mit dem Internet mal weg. Nun ist es nicht der sechsjährige Sohn der Nachbarin, sondern nun ist es dieser junge Mann, Sohn Deines Nachbarn, der Dir auch nicht besonders auffällig erscheint… ein ganz normaler Nachbar, vielleicht etwas einfach gestrickt, aber nicht sozial auffällig.

Und nun kommt dieser junge Mann zu Dir, achtzehn Jahre alt, spricht Dich an, zieht Dich ins Vertrauen, braucht mal jemanden, um darüber zu reden – und fragt Dich um Rat, ganz konkret um Deinen Rat. Aber: Er ist achtzehn Jare alt – und er bittet Dich nicht um Deine Hilfe.

Der ist volljährig! Der will sein Leben selbst bestimmen. Der will gar nicht, dass Du irgendetwas tust, was vielleicht seine Pläne durchkreuzen könnte, nur weil D u es für moralisch angemessen hälst. Der brauchte nur mal ein Ohr für seine Sorgen und wollte nur mal den Rat und die Ansichten eines Außenstehenden, damit er dann selbst abwägen kann, was er für das Beste hält, das zu tun sei…"

Ich sah Walter nur an, die Augenbrauen fragend hochgezogen. Ich nickte träge mit dem Kopf. Und ich zog die Schultern eher hoch, als dass ich mit den Schultern fragend zuckte… Ich rang noch mit einer Abwägung und mit einer Antwort…

„Komm!" Walter schlug mir auffordernd mit der flachen linken Hand auf meinen Oberarm: „Gehen wir rein! Es wird allmählich doch verdammt kalt!"

Als wir zurückkehrten, goss ich mir Tonic Water ein und trollte mich zielstrebig zu dem Zigarettendreher von eben. Der stand zur Zeit verloren im Abseits und stocherte nicht mehr hungrig auf seinem Teller herum, den er sich am Büffet zusammengestellt hatte.

„Also… entweder bist Du nicht gut in Handarbeit – oder Du hast noch nie Deinen Ehrgeiz darauf verschwendet, Deine Selbstgedrehten aussehen zu lassen wie eine Industriezigarette!" nahm ich das Gespräch wieder auf.

Er erhob die Gabel, mit der er fuchtelte wie mit einem Zeigestock: „Also… dass ich keine gute Handarbeit leiste… das sieht meine Frau glaube ich anders!" Mit einem breiten Grinsen schaute er mich an, als wollte er sagen: ‚So. Jetzt fällt Dir nichts mehr ein, was?' Ich musste schallend lachen. Mit so viel Schlagfertigkeit hatte ich bei diesem undurchsichtigen, trockenen Knochen gar nicht gerechnet.

Und dann plauderten wir lange Zeit miteinander. Wir plauderten über Selbstgedrehte und andere Nebenwirkungen der Tabakpflanze, über seine Arbeit, über seine Familie – und über seine Leidenschaft, dem Paragliding…

www.literatur-ochsenfeld.de

Frederick und sein Blick aufs Meer

Der Autor löst in vielen kurzen Kapiteln allmählich die Geschichte des jungen Frederick auf, der eine tragische Geschichte hinter sich hat. Schließlich aber gewinnt er neues Vertrauen und neuen Lebensmut.

Das Kinderbuch ist zum Vorlesen so gut geeignet wie zum Selberlesen. Jedenfalls wird auch den „Großen" beim Vorlesen nicht langweilig.

€ 7,70 überall im Buchhandel oder bei www.bod.de

ISBN-13: **978-3-8370-5741-6**

Ent-Wicklungen
Plädoyer für eine Politik des Umbruchs

Der Autor nimmt mit Verärgerung zur Kenntnis, dass die Politik vor der Wirtschaft in die Knie geht, dass der Bürger gegenüber einem räuberischen Kapitalismus resigniert hat, dass „Globalisierung" für jede Rechtfertigung reicht.

Kämpferisch verlangt er eine Politik der sozialen und ökologischen Verantwortung und ist mal schwer philosophisch, mal schonungslos kritisch, mal locker unterhaltsam…

€12,20 überall im Buchhandel oder bei www.bod.de

ISBN-13: **978-3-8370-6109-3**

Rechtliche Grundlagen
für das Sicherheitsgewerbe – praxisnah

Wiederum in vielen kurzen, gut verdaulichen Kapiteln wird leicht verständlich juristisches Grundlagenwissen vermittelt. Der Autor ist dabei unterhaltsam und mit zahlreichen Fallbeispielen lebens- und praxisnah.

In seinen als „Exkurse" bezeichneten Beiträgen schafft er Allgemeinwissen und ordnet die Kernthemen spaßig, spannend und sozialkritisch ins große Ganze ein.

€12,80 überall im Buchhandel oder bei www.bod.de

ISBN-13: **978-3-8370-5440-8**

Mit **Brennesseln** gegen die Allergie

Mit dem Grundwissen der „Alten" und mit umfangreichen Erfahrungen, die er an sich selbst und mit anderen erarbeitet hat, zeigt uns der Autor mit viel Detailwissen einen Weg bei „Heuschnupfen" auf. Locker-flockig bietet der Autor eine aufschlussreiche Anleitung, um ohne Chemie das Sommerhalbjahr trotz Allergie durchleben und genießen zu können.

€1,00 • nur als pdf
nur im internet: **www.literatur-ochsenfeld.de**